그리스도교문헌총서 002

토마스 아퀴나스
사도신경 강해설교

장로회신학대학교 기독교사상과문화연구원 편찬
손은실 번역·주해

Sancti Thomae de Aquino
Expositio in Symbolum Apostolorum

차례

발간에 즈음하여 _7
역자서문 _9
일러두기 _15

제1부 작품 해제 　　　　　　　　　　　　　　　　　21
1. 저자 소개 　　　　　　　　　　　　　　　　　　　22
2. 사도신경 강해설교의 역사적 배경 　　　　　　　　30
3. 토마스 아퀴나스 설교의 특징 　　　　　　　　　　32
4. 사도신경 강해설교의 구조 　　　　　　　　　　　　35
　약어표 　　　　　　　　　　　　　　　　　　　　　37
　사도신경 라틴어-한글 　　　　　　　　　　　　　　38

제2부 사도신경 강해설교 원문-번역 　　　　　　　41
　서문 　　　　　　　　　　　　　　　　　　　　　　43
　1항 "나는 한 분 하나님, 전능하신 아버지, 천지의 창조주를 믿습니다." 　57
　2항 "그리고 나는 그의 유일하신 아들, 우리 주 예수 그리스도를 믿습니다." 　87
　3항 "그는 성령으로 잉태되어 동정녀 마리아에게서 나시고" 　105
　4항 "본디오 빌라도 치하에 고난을 받으시고, 십자가에 못 박히시고,
　　　 죽으시고, 묻히셨으며" 　　　　　　　　　　　123
　5항 "음부에 내려가셨으며, 사흘 만에 죽은 자 가운데서 다시 살아나셨으며" 　145
　6항 "하늘에 오르시어, 전능하신 아버지 하나님 우편에 앉으시고" 　171

7항 "그곳으로부터 산 자와 죽은 자를 심판하러 오실 것입니다."	181
8항 "나는 성령을 믿습니다."	195
9항 "거룩하고 보편적인 교회를 [나는 믿습니다.]"	207
10항 "성도의 교제와 죄의 용서를 [나는 믿습니다.]"	223
11항 "육체의 부활을 [나는 믿습니다.]"	237
12항 "영생을 [나는 믿습니다.] 아멘."	249

제3부 부록   263

1. 사도신경 형성사	264
2. 니케아-콘스탄티노플 신경 라틴어-한글	266
3. '사도신경'(symbolum apostolorum)의 의미	270
4. 한국 개신교 사도신경의 "음부에 내려가셨으며" 구절 삭제에 관하여	272

병행구절 _281

참고문헌 _283

발간에 즈음하여

그리스도교문헌총서가 나오게 된 것을 진심으로 기쁘게 생각한다. 이 총서는 지난 몇 년간 기독교사상과문화연구원을 중심으로 진행된 동·서양 그리스도교 문헌 강독 모임의 자그마한 결실이다. 그리스어, 라틴어, 한자어로 쓰인 문헌을 지속적으로 강독하면서 연구진이 절실히 깨닫게 된 사실은, 교회사 연구가 일차문헌에 의존해야 함에도 우리 글로 번역, 소개된 그리스도교 문헌이 일천하다는 것이다. 이에 본 연구원은 고대로부터 현대에 이르기까지, 동·서양을 망라하여 중요한 그리스도교 문헌을 원문 대역본으로 출판하는 야심찬 계획을 세우고 그리스도교문헌총서 편찬위원회를 구성했다.

총서를 계획하면서 "가장 좋은 본문을 가장 좋은 번역으로 한국인에게 소개하자"라는 구호가 떠올랐다. 이전에도 그리스도교 문헌 번역본들이 있었고, 일부는 원문 대역본으로 소개되기도 하였지만, 문제점이 없지 않았다. 비평본문에 대한 최근의 연구 성과가 반영되지 않았을 뿐만 아니라 그 분야에 정통한 연구자들이 많지 않아 신학 전문용어를 포함하여 인명, 지명 및 역사적 사건을 표기하는 방식에 많은 혼선이 있었던 것도 사실이다.

이러한 점을 고려하여 그리스도교문헌총서 편찬위원회에서는 크게 두 가지 원칙을 세웠다. 우선 원문 대역본으로 간행하되, 활용할 수 있는 가장 좋은 본문을 원문으로 소개하고 이를 저본으로 삼아 충실하게 번역하고 독자를 위한 주해를 덧붙이는 것이다. 다음으로 해당 작품과 관련된 기존 번역 및 연구를 참조하고 재해석하여, 작품의 구조와 중심 사상, 오늘날 우리에게 주는 교훈 등을 역자 서문 혹은 주해자의 해제에 담아 독자의 이해를 돕는다는 것이다.

이 두 원칙만 제대로 지킨다면 이 그리스도교문헌총서의 발간은 그 자체로 큰 의의가 있으리라고 생각한다. 아직 우리 학문 풍토가 일천하고, 원문 대역본의 편찬과 발행 경험이 부족하기 때문에 본래 계획했던 성과를 다 거둘 수 있을지 걱정되기도 한다. 따라서 편찬위원회는 학계와 독자들의 지적과 비판을 늘 열린 마음으로 수용하며, 여러 연구자와 후학들의 조언과 질책을 겸허히 받아들일 것이다.

이 그리스도교문헌총서의 발간을 위해 여러 난관을 무릅쓰고 심사숙고 번역·주해해 주시는 필자들에게 감사드리고, 또한 어려운 여건 가운데도 흔쾌히 출간해주는 새물결플러스 출판사와 편집진 그리고 대표이사 김요한 목사님에게 깊이 감사드린다.

아차산 기슭에서
편찬위원회를 대표하여
임희국

역자서문

이 책은 토마스 아퀴나스의 *Expositio in Symbolum Apostolorum* (『사도신경 강해설교』)을 우리말로 옮긴 것이다. 토마스가 이 설교를 했던 시기는 그가 작고하기 1년 전인 1273년 사순절 기간이고, 장소는 나폴리에 있는 도미니크 수도회 성당이었다. 당시의 증인들에 따르면, 나폴리의 모든 사람이 그의 설교를 듣기 위해 한걸음에 달려갔고, 그들의 눈과 귀는 토마스의 입에 고정되었다고 한다. 그의 설교가 과연 어떠하였기에 이렇게 폭발적인 반응을 불러일으켰을까?

이 책을 라틴어-한글 대역판으로 엮게 된 계기는 장로회신학대학교 기독교사상과문화연구원 교회사연구부의 그리스도교 문헌 번역·주해 사업으로 거슬러 올라간다. 이 사업을 발의한 동대학교의 교부학 전문가 서원모 교수님은 학문의 장기적 연구 토대 마련을 위해 고전 번역이 가지는 중요성을 깊이 인식하고, 이를 준비하는 첫 걸음으로 그리스도교 고전 강독반 개설을 제안하셨다. 역자는 라틴어 고전 강독반 지도를 맡았고, 본 역서의 원전을 첫 번째 텍스트로 선정했다. 그 이유는 꼭 역자가 토마스 아퀴나스 전공자이기 때문만은 아니었다. 토마스의 라틴어 텍스트들은 일반적으로 다른 라틴어 고전들에 비해 비교적 쉽게 읽힐 수 있다는 것도 또 하나의 이유가 되었다. 물론 보다 근본적인 이유는 토마스의 "사도신경 강해설교"의 내용이 가지는 중요성 그 자체에 있다.

사도신경 자체의 중요성은 별도의 설명이 필요 없을 만큼 자명하다. 사도신경은 그리스도교 안에서 니케아-콘스탄티노플 신경과 함께 가장 광범위하게 수용되는 신조로서, 그리스도교의 가장 기본적인 신앙조항을 담고 있는 텍스트다. 그리스도교 신앙의 핵심 내용을 요약적으로 담고 있는 사도신경에 대해 역사적으로 수많은 신학자들이 각각 자기 시대의 역사적 배경 안에서 해석을 시도해왔다. 현대 신학자들 가운데서는 칼 바르트, 판넨베르크, 한스 큉, 라칭거와 같은 신-구교의 저명한 신학자들이 사도신경 강해서를 썼고, 이 책들은 이미 우리말로도 번역되었다. 이들은 사도신경이 오늘날의 그리스도인들에게 어떤 의미가 있는지를 숙고하면서, 전통적인 신앙과 이에 대한 현대적 비판과 해석을 중재하려는 시도를 했다.

이에 반해 13세기에 나온 토마스 아퀴나스의 사도신경 해석은 그 시대의 세계관을 반영하고 있다. 따라서 현대인들이 제기하는 문제에 직접적인 해답을 제시하지는 않는다. 게다가 현대인들이 수용하기 어려운 주장들도 포함되어 있다. 그럼에도 그의 해석은 오늘날에도 여전히 빛나는 장점들을 가지고 있다. 우선 토마스는 사도신경의 각 항목을 끊임없이 성서의 권위에 의지하여 해석한다. 또한 토마스는 모든 계층의 신자들에게 설교하면서 누구에게나 익숙한 일상적인 경험에 의지하여 놀랍도록 소박하고 단순한 언어로 신앙조항을 설명하고, 동시에 그리스도교 신앙의 진리에 반대되는 오류들을 논박한다. 그는 단순히 교리적 설명을 시도하는 것에 그치지 않고 사도신경이 신자의 영적인 삶에 주는 유익과 교훈을 구체적으로 제시한다. 이러한 매력을 가진 토마스의 사도신경 강해설교에 대해 프랑스어 번역자는 다음과 같은 찬사를 아끼지 않는다. "이토록 완벽하고, 간결하고, 단순하고, 동시에 깊이 있는 사도신경 해설이 또 어디 있겠는가?"

굳이 이런 찬사를 인용하지 않더라도 인류지성사와 교회사에서 별처럼 빛나는 신학자 토마스 아퀴나스가 그리스도교 신앙의 핵심에 대해 어떤 해석을 제공하는지에는 많은 이들이 관심을 가질 것이다. 물론 스콜라 신학에 대해 (그것에 대해 정확히 알지도 못한 채) 깊은 회의를 가진 사람들은 토마스에게 큰 기대를 걸지 않을 것이다. 20세기의 유명한 프랑스 철학자 가운데 한 사람인 자끄 마리땡도 토마스 아퀴나스의 신학에 대해 깊은 의심을 가지고 『신학대전』을 펼쳤다고 한다. 그는 다음과 같이 말한다.

내가 처음으로 『신학대전』의 신론 부분을 펼쳤을 때 호기심과 두려움으로 떨었다. 스콜라학문은 미세한 먼지가 떨어지는 폐허가 아닌가? 스콜라 학문의 왕자인 토마스 아퀴나스도 우리의 어린 신앙의 가정에 이런 먼지를 떨어뜨리지는 않을까? 첫 페이지부터, 나는 이런 내 생각이 헛되고 유치한 것이었음을 깨달았다. 여기서 모든 것은 정신의 자유, 신앙의 순수성, 학문과 천재성으로 빛나는 순전한 지성 그

자체였다.[1]

역자도 토마스의 『신학대전』을 읽을 때에, 또한 그의 『사도신경 강해설교』를 읽을 때에 마리땡과 비슷한 경험, 즉 토마스의 글에서 "정신의 자유, 신앙의 순수성, 학문과 천재성으로 빛나는 순전한 지성"을 발견하는 체험을 했다. 혹시라도 중세 스콜라 신학이라면 무조건 거부감을 가지고 대하는 분들이 계시다면, 열린 마음으로 먼저 토마스의 작품을 읽어 보시라고 권하고 싶다. 그러면 선입견에서 해방될 수 있으리라 믿기 때문이다.

마지막으로 강조하고 싶은 점은 토마스의 사도신경 강해설교가 신학자나 신학생뿐만 아니라 일반 신자들에게도 그리스도교 신앙의 본질을 보다 깊이 이해하는 데 매우 유용한 안내서가 될 수 있다는 것이다. 이미 말한 것처럼 토마스의 사도신경 해설은 학식이 있는 사람이든 아니든 누구나 이해할 수 있는 언어로 표현되었기 때문이다. 이 점은 진리의 보편성에 부합하는 매우 소중한 미덕이다.

본 대역본의 번역 원칙에 대해 미리 일러두고 싶은 것이 있다.

번역문의 한계를 넘어 원문을 통해 텍스트를 보다 직접적이고 생생하게 읽기 원하는 독자들을 위해서 라틴어 원문과 우리말 번역을 나란히 제시했다. 하지만 라틴어를 모르는 독자들도 텍스트를 이해하는 데 어려움이 없도록 각별히 신경을 써서 번역했다. 한 가지 예를 들면 다음과 같다. 원문에서 노트 필기식으로 생략된 표현

---

1 Jacques et Raïssa Maritain, *Les grandes amitiés*, Paris: Desclee de Brouwer, 1949, p. 203.

을 사용한 경우, 문자적으로 번역을 하면 가독성이 현저히 저하된다. 이런 경우에는 원문에서 생략된 표현을 추가하여 독자가 문맥의 흐름을 보다 쉽게 따라갈 수 있도록 번역하였다. 하지만 이런 작업이 번역이 아닌 해설로 치닫지 않도록 유의하였다.

이 책은 다음과 같이 구성되어 있다.

제1부 "작품 해제"에서는 독자의 이해를 돕기 위해 저자에 대한 간략한 소개에 이어 사도신경 강해설교의 역사적 배경, 토마스 아퀴나스 설교의 특징, 사도신경 강해설교의 구조를 서술하였다.

제2부 "사도신경 강해설교 원문-번역"에서는 제목 그대로 원문과 번역을 나란히 배치하고, 텍스트 가운데서 현대 독자들에게 설명이 필요한 부분은 역자가 일일이 자료를 찾아서 가급적 상세한 역주를 달아 두었다. 다른 현대어 번역본들, 예컨대 영역본 혹은 프랑스어역본을 참고하는 독자는 역자의 역주가 가장 풍부하다는 것을 금방 확인할 수 있을 것이다.

"부록"에서는 사도신경 형성사에 관한 기본적인 내용을 엄선하여 소개한 다음, 최근 한국교회에서 크게 논란이 되었던 그리스도의 음부강하 조항 삭제 문제를 둘러싼 몇 가지 쟁점을 정리하였다. 초기 사도신경 원문에 없던 이 구절이 도입된 경위와 그 신학적 의미, 그리고 한국 개신교에서 삭제된 배경과 복원의 필요성을 차례대로 서술하였다.

이 문제를 자세히 살펴보게 된 일차적인 계기는 역자의 경험과 관련이 있다. 역자는 외국에서 공부하던 시절에 영어, 프랑스어, 라틴어 사도신경에 "음부에 내려가셨다"는 구절이 포함되어 있는 것을 보고 매우 놀랐다. 그때부터 우리말 개신교 사도신경에 이 구절이 빠진 이유가 궁금했었고 이 대역본을 준비하는 과정에서 마침내 이 문제를 연구할 수 있는 좋은 기회를 얻었던 것이다.

토마스의 사도신경 강해설교의 영어 번역본은 이미 여러 차례 나왔지만, 지금까지 한국어로는 한 번도 번역되지 않아 이 분야의 전공자로서 매우 안타까운 마음을 갖고 있었다. 이제야 마침내 우리말 번역본을 출판할 수 있게 되어 매우 큰 기쁨을 느끼며, 몇 가지 소망을 가슴에 품는다.

우선 이 책의 독자들이 그리스도교 신앙의 핵심을 보다 분명하게 이해할 수 있게 되기를 진심으로 바란다. 또한 본 대역본을 읽는 모든 그리스도인들이 사도신경을 단순히 입술로만 고백하는 데 그치지 않고 자신이 믿고 있는 내용을 조금이라도 더 잘 이해하여 '이해를 추구하는 신앙'(*fides quaerens intellectum*)을 가질 수 있기를 소망한다. 이를 통해, 갈수록 그리스도교 신앙에서 멀어지는 세상을 향해 그리스도교 신앙의 핵심을 설득력 있게 증언하고, 그 신앙 내용을 반박하는 사람들에게는 보다 효과적으로 변증할 수 있게 되기를 바란다. 무엇보다 큰 바람은 독자들이 하나님을 더욱 깊이 알아가는 기쁨을 맛보며, 그것을 이웃들과 나누는 것이다.

이 역서는 동락원연구기금의 지원으로 진행한 연구의 결실이다. 연구비를 조성해주신 분께 깊은 감사를 드린다. 아울러 기꺼이 출판을 맡아주신 새물결플러스 대표 김요한 목사님과 편집을 위해 정성과 수고를 아끼지 않으신 왕희광 목사님께도 깊이 감사드린다.

일러두기

1. 번역에서 사용한 원문

본 역서의 원문은 토마스 아퀴나스 저작을 라틴어 원문으로 수록하고 있는 사이트 http://www.corpusthomisticum.org에 나오는 텍스트이다. 이 사이트에 사용된 텍스트는 1954년 투리노(Turino)에서 출판된 마리에티(Marietti)판으로서 지금까지 출판된 라틴어 원문들 중 가장 신뢰도가 높은 텍스트이다. 토마스 저작의 비평판인 레오판에서는 본 역서의 원문이 아직 출판되지 않은 상태다. 하지만 토마스의 사도신경 강해설교를 최근에 영어로 번역한 세 번째 영어 번역자는 아직 잠정적인 상태의 레오판 라틴어 텍스트를 사용하였다. 그러면서 그는 레오판과 그 이전의 판본에 나타나는 차이가 텍스트를 수정할 정도의 것은 아님을 명시하고 있다.[2] 역자도 레

---

2 *The Sermon-Conferences of St. Thomas Aquinas on the Apostles' Creed*, tr. by N. Ayo, C.S.C., Notre Dame, Indiana: University of Notre Dame Press, 7.

오판 편집장에게 이 텍스트 사용을 허가해 줄 것을 요청했다. 하지만 그 편집장은 잠정적인 상태의 레오판 사용 선례에 대한 자체 평가가 부정적이었다고 말하며, 기존 출판본을 사용하는 것이 더 낫다는 답변을 주었다.

2. 라틴어 텍스트들과 번역본들

1) 라틴어 텍스트
① 피우스판(Editio Piana, 1570-71): 교황 피우스 5세의 재임 기간에 완성된 텍스트다.
② 파르마판(Parma, 1852-73): 일차적으로 피우스판에 기초한 판본이다.
③ 비베스판(Vives, Paris, 1871-80): 여러 수사본을 사용하지만 진정한 비평판은 아니다.
④ 마리에티판(Marietti, Turin and Rome, 1954). 이 판본은 토마스 저작의 병행 구절을 제시한다.
⑤ 레오판(Editio Leonina): 현재 준비 중. 1880년 교황 레오 13세가 토마스 아퀴나스 비평판 편집위원회를 발족시키고 모든 수사본을 검토하여 비평판을 만들도록 지시하면서 비평판 편집이 시작되었다. 편집자는 프랑스 도미니크 수도회 소속 동댄(H. Dondaine, O.P.)이며 편집이 거의 완료된 단계다. 최종 출간 전 재검토 작업이 남아 있다.

2) 현대어 번역본

① *The Three Greatest Prayers. Commentaries on the Our Father, the Hail Mary and the Apostles' Creed*, tr. by Shapcote, L., O.P. (London: Burns and Oates, 1937): 첫 번째 영역본

② *The Catechetical Instructions of St. Thomas Aquinas*, tr. by Collins, J. B., (New York: Joseph F. Wagner, 1939): 두 번째 영역본

③ *The Sermon-Conferences of St. Thomas Aquinas on the Apostles' Creed*, tr. by Ayo, N., (Notre Dame: University of Notre Dame Press, 1988): 세 번째 영역본

④ Saint Thomas d'Aquin, *Le Credo*, introduction, traduction et notes par un moine de Fontgombault, Paris: Nouvelles éditions latines, 1969: 프랑스어 번역본

3. 번역 원칙

토마스 아퀴나스는 좋은 번역자의 임무를 다음과 같이 규정한다. "보편적 신앙에 속하는 것을 번역할 때 그 의미는 보존하고, 번역어의 특성에 따라 표현 방식을 바꾸는 것이 좋은 번역자의 임무에 속한다."[3] 토마스는 이것을 보다 구체적으로 설명하기 위해, 원문의 단

---

3 Thomas Aquinas, *Contra errores Graecorum*, Pars 1, Prooemium.

어와 번역어를 문자적으로 일대일로 대응시켜 번역하는 직역은 의미를 제대로 전달하는 데 적합하지 않은 경우들이 있다고 말한다. 역자는 토마스의 조언을 적극 수용하여, 라틴어 구문과 한글 구문의 차이를 염두에 두고, 문자적으로 번역하기보다는 가급적 원문의 의미를 우리말로 자연스럽게 옮기기 위해 애를 썼다. 예컨대 라틴어 원문에서 복수형 단어가 사용된 것을 한글 번역에서도 복수로 번역했을 때 문장이 어색하다고 느껴질 경우에는 단수로 번역하였다. 또한 라틴어의 수동태 구문을 수동태를 많이 사용하지 않는 한글의 특성을 고려하여 번역에서는 능동태로 바꾼 경우도 적지 않다.

4. 성서 인용

성서를 인용할 경우에는 현재 국내에서 사용 중인 한글 역본들을 그대로 인용하지 않고 토마스 아퀴나스가 사용한 불가타 성경을 역자가 직접 번역하여 인용하였다. 그런데 불가타와 한글 개역개정판의 장, 절이 다를 경우에는 불가타의 장, 절을 먼저 쓰고 바로 뒤 [ ] 안에 한글판의 장, 절을 표시하였다.

5. 단락 구분과 병행구절 표기

텍스트의 단락 구분과, 각 항 서두에 표기한 토마스의 다른 저작에 나오는 병행 구절은 마리에티판을 따른 것이다.

6. 번역문에 사용된 표기법 및 기타 사항

① 한글만 쓰면 뜻이 분명하지 않은 단어에 대해서는 경우에 따라 한자와 라틴어를 괄호 속에 기록하였다. 이때 라틴어는 그 단어가 사용된 문장에 나오는 격변화 된 형태 그대로 표기하지 않고 그 단어의 주격 형태로 바꾸어 표기하였다.

② [ ] 안에 첨가된 표현은 라틴어 원문에는 없지만 내용 이해에 도움이 된다는 판단아래 역자가 보충한 것이다.

③ 라틴어 문장에서 사용된 동일한 라틴어 단어를 한글 번역문에서는 문맥에 따라 다르게 번역한 경우들이 있다. 그 이유는 동일한 단어가 문맥에 따라 다른 의미로 사용되는 경우가 있기 때문이다.

제1부

작품 해제

1. 저자 소개

1) 생애[1]

토마스 아퀴나스는 단지 중세의 가장 위대한 신학자 중 한 사람에 국한되지 않고 인류의 지성사에서 우뚝 솟아 있는 사상가이다. 그는 서양문화사의 한 결정적인 시기, 즉 논리학 저작 외에는 오랫동안 잊혀져 있던 아리스토텔레스의 저작이 라틴어로 번역 소개되어 활발하게 연구되기 시작한 시점에 태어났다. 아리스토텔레스 철학이 재발견되자, 당시 라틴 그리스도교 세계에서는 신앙과 이성의 관계 문제가 다시 한 번 첨예한 쟁점으로 대두되었다. 이런 시대적 배경이 토마스 아퀴나스의 사상전개에 중요한 영향을 미쳤으리라는 것은 짐작하기가 어렵지 않다.

토마스는 1224년(혹은 1225년) 이탈리아 남부 나폴리에서 멀지 않은 로카세카의 작은 봉건 영주인 아퀴노 백작 가문에서 태어났다. 그의 아버지는 당시 귀족 가문의 관행대로 아들 가운데 한 명을

---

[1] 토마스의 생애에 대한 묘사는 역자가 번역한 『신학대전』에 붙인 역자 서문을 많이 참고했음을 밝혀둔다. 토마스 아퀴나스, 『신학대전: 자연과 은총에 관한 주요 문제들』, 손은실, 박형국 옮김, 서울: 두란노 아카데미, 2011, 36-50. 보다 자세한 내용은 토마스 아퀴나스의 생애와 작품에 대한 탁월한 연구로 평가받는 다음 저작을 참고하라. J. A. Weisheipl, *Friar Thomas d'Aquino: His Life, Thought, and Works*, Washington: The Catholic University of America Press, 1983. 『토마스 아퀴나스 수사』, 이재룡 옮김, 성바오로, 1998.

수도원의 원장으로 만들 생각으로 다섯 살 난 막내아들 토마스를 인근의 몬테카시노 수도원에 봉헌하였다.[2] 그 시대 베네딕트 수도원장 직책은, 교회와 나폴리 왕국 사이에서 정치권력을 신성화시켜 주는 역할을 하면서 봉건 영주에 버금가는 지위와 큰 신망을 누리는 자리였다.

그로부터 약 10년 뒤 14세(혹은 15세)가 되었을 때 토마스는 당시 아리스토텔레스 연구를 선도하던 나폴리 대학으로 보내져, 거기서 아리스토텔레스 철학을 공부했다. 그곳에서 그는 창설된 지 얼마 안 되었던 탁발수도회인 도미니크 수도회를 알게 된다. 나폴리 대학에서 5년 간의 공부를 마친 1244년 초, 19세 혹은 20세가 된 토마스는 이 수도회에 입회하였다. 토마스가 가족들의 세속적 야망에 찬물을 끼얹으며 복음적 가난을 실천하기 위해 구걸하며 생활하는 탁발수도회에 입회하려고 했을 때 가족들은 강력하게 반대했으며, 그를 1년 이상 집 안에 감금하였다. 하지만 그는 뜻을 굽히지 않았고 결국 도미니크 수도회의 수도사가 되었다.

토마스의 삶의 주된 방향은 바로 이 나폴리에서 결정되었음을 알 수 있다. 다시 말해 그는 이곳에서 그의 삶과 신학에 결정적인 영향을 끼친 당대의 중요한 두 흐름, 즉 아리스토텔레스 철학의 재발견과 복음주의 운동을 접했던 것이다.[3] 이 두 흐름은 토마스가 살

---

2 J.-P. Torrell, *Initiation à saint Thomas d'Aquin*, éditions universitaires Fribourg; Paris: Cerf, 1993, 2-6.
3 토마스 저작의 역사적 배경에 대한 탁월한 연구서로 알려져 있고 지금도 그 가치가 약화되지 않은 저작에서 셔뉴는 토마스 사상의 근간이 되는 이 두 요소를 잘 설명하고 있다. M.-D. Chenu, *Introduction à l'étude de saint Thomas d'Aquin*, Montréal, Paris:

았던 13세기의 지적 역동성을 규정한 힘이기도 했다. 복음주의 운동은 성서의 가르침을 철저히 따르려고 한 운동이다. 이 운동에 투신한 사람들은 복음서의 말씀, 즉 "완전하게 되려거든, 네가 가진 모든 것을 팔아 가난한 사람들에게 나누어주고…나를 따르라"(마 19:21)는 말씀에 따라 자발적 가난을 추구하였다. 토마스가 나폴리에서 알게 된 도미니크 수도회도 바로 이 복음적 가난을 철저하게 실천하기 위해 구걸을 하면서 복음을 전하고자 했던 것이다.

토마스의 삶과 신학 방향에 결정적 영향을 준 두 번째 요소인 아리스토텔레스의 재발견[4]에 직면하여, 토마스는 아리스토텔레스 철학의 수용이 그리스도교 신앙에 큰 도전임을 직시하였다. 이에 그는 아리스토텔레스의 철학이 과연 그리스도교 신앙과 조화될 수 있는 것인지 아닌지를 검토하기 위해 이 철학을 철저히 분석하는 것을 자기 시대의 과제로 여겼다. 토마스가 그리스도교의 복음과 아리스토텔레스 철학의 관계를 이해한 방식은 그의 신학 공리로 일컬어지는 "은총은 자연을 제거하지 않고 완성한다"[5]에 암시되어 있다. 토마스는 자연을 은총에 앞서 하나님에 의해 주어진 것으로, 그리고 은총은 자연 위에 주어진 것으로 본다. 따라서 그는 자연과 은총

1993.
4 Cf. B. G. Dod, "Aristoteles latinus", N. Kretzmann, A. Kenny, J. Pinborg (ed.), *The Cambridge History of Later Medieval Philosophy*, Cambridge, Cambridge University Press, 2000, 45-79.
5 "Gratia non tollit naturam sed perficit." Sent. II, d. 9, q. 1, a. 8, arg. 3; ST I, 1, 8, ad 2, etc. 스콜라 신학의 격언이었던 이 신학 공리에 대한 참고 문헌은 또렐이 잘 정리하고 있다. J.-P. Torrell, *Saint Thomas d'Aquin, maître spirituel*, Initiation 2, Fribourg (Suisse): éditions universitaires, Paris: Cerf, 1996, p. 302, n. 2.

을 대립되는 것으로 보지 않고, 은총이 자연을 전제하고 완성하는 것으로 이해한다.

토마스는 이러한 자연과 은총의 관계에 대한 이해를 바탕으로, 신학에서 철학을 사용하는 것을 포도주에 물을 타는 것과 같다고 여겼던 사람들에게 다음과 같이 대답했다: "거룩한 가르침(신학)에서 철학자들의 가르침을 사용하는 사람들은, 그 가르침이 신앙을 위해 봉사하도록 인도함으로써 포도주에 물을 타는 것이 아니라 물을 포도주로 변화시킨다."[6] 그는 철학을 신학에 사용하는 것이 신학의 순수성을 희석시키는 것이 아니라 철학을 변화시킨다고 보았던 것이다. 이러한 이유로 토마스는 그 당시 대학을 중심으로 당대의 문화적 언어가 되었던 아리스토텔레스 철학의 개념을 사용하여 신학을 설명하는 것을 주저하지 않았던 것이다.

토마스는 나폴리에서 삶의 결정적인 방향을 정하고 도미니크 수도회의 수도사가 된 이래로 유럽을 두루 다니면서 신학 저술과 교육 활동을 멈추지 않았다. 나폴리 대학에서 공부를 마친 후 그는 여러 차례 파리에 거주하였다(1245-1248; 1252-1259; 1268-1272). 또한 그는 독일 쾰른에서 그의 스승인 대(大) 알베르투스의 강의를 듣고 조수 역할을 수행했으며(1248-1252), 고국 이탈리아에서는 오르비에토(1261-1265), 로마(1265-1268), 그리고 나폴리(1272-1273)에서

---

6 *Super Boetium De Trinitate*, q. 2, a. 3, ad5. Cf. A. Hayen, "Aqua totaliter in vinum: philosophie et Révélation chez saint Bonaventure et saint Thomas", Miscellanea Mediaevalia. Band 2. *Die Metaphysik im Mittelalter*, Berlin, 1963, 317-324.

가르쳤다.

이처럼 다양한 지역에서 가르치고 연구하던 그는 작고하기 3개월 전인 1273년 12월 6일, 우리나라에서는 산타클로스로 불리는 성인 니콜라우스 축일에 돌연 교육과 저술을 중단하였다. 이때 그의 작품을 대필하던 충직한 비서 레기날두스가 그에게 왜 『신학대전』 집필을 계속하지 않느냐고 물었다. 그러자 토마스는 자신의 비서에게 다음과 같이 대답했다고 한다. "내가 본 것에 비교하면 내가 쓴 모든 것은 지푸라기처럼 보인다."

토마스가 작고하기 3개월 전 과연 무슨 일이 일어났기에 저술과 교육활동을 전면 중단하게 되었을까? 이에 대해 학자들이 많은 추측을 내놓았지만, 토마스 전문가들은 일반적으로 이 사건에 영적인 문제와 의료적인 문제가 결합되어 있는 것으로 해석한다. 다시 말해, 한편으로는 토마스가 어떤 신비체험을 했고, 다른 한편으로는 그가 너무 많은 일을 하여 심신이 완전히 소진되어 집필을 계속할 수 없었을 것이라는 해석이다. 그로부터 3개월이 지난 후인 1274년 3월 7일, 그는 제14차 공의회가 열리는 리옹을 향해 가던 도중 이탈리아 포사노바에서 채 50세가 되기 전에 생애를 마쳤다.

토마스는 다섯 살 때 수도원에 들어간 이래로 그의 전 생애를 오직 하나님만 바라보고 생각하는 데 바쳤다. 하지만 그는 관상(觀想)의 삶에만 머물러 있지는 않았다. 그는 하나님에 대해 끊임없이 관상하고 거기서 얻은 열매를 설교와 교육을 통해 다른 사람들에게 나누어주는 데 전적으로 헌신하였다. 이로써 그는 관상적 삶(vita contemplativa)과 활동적 삶(vita activa)을 탁월하게 조화시켰다. 토마스 자신의 저작에서 발견되는 다음 두 문장보다 토마스의 삶을 더 잘 요약해주는 말은 없을 것이다.

내가 하나님 앞에서 의식하지 않을 수 없는 나의 삶의 주된 임무는, 나의 모든 말과 생각이 그분[하나님]에 대해 말하고 생각하는 것이다.[7]

단지 빛나기만 하는 것보다 비추어주는 것이 더 위대한 것처럼, 단지 관상하기만 하는 것보다 관상한 것을 다른 이들에게 전해주는 것이 더 위대하다.[8]

2) 작품

중세시대에 파리 대학 신학부 교수의 세 가지 주된 임무는 강독(Lectio), 토론(Disputatio), 설교(Praedicatio)였다. 강독은 신학교육의 가장 중요한 교재인 성서와, 그리고 다른 권위 있는 문헌을 읽는 것과 주석을 가리킨다. 토론도 중요한 수업형태로서 주로 성서이해에서 제기되는 문제를 '예' 혹은 '아니오'로 대답할 수 있는 형식으로 질문하고, 학생들이 먼저 정답과 반대되는 입장의 논거를 제시하게 한다. 이에 대해 명제집 강사가 학생들이 제시한 논거를 반박하고, 그 후에 정교수가 정답을 논증적으로 제시하는 형식으로 진행되었다. 설교도 신학 교육의 중요한 요소로서 성서의 말씀을 앞

---

7   CG I, 2.
8   ST II-II, 188, 6, c.

의 두 과정, 즉 강독과 토론을 통해 충분히 이해한 후 강론으로 선포하는 것이다.[9] 토마스도 이 설교 임무를 수행하여 일 년에 몇 차례씩 대학에서 설교하였다.

토마스의 수많은 저작들 대부분은 이 교육과정의 산물이다. 그의 수많은 성서 주석과 『명제집 주석』 등은 강독 수업의 산물이며, 그의 저술 가운데 문제를 가장 깊이 전문적으로 탐구하는 『토론문제집』(Quaestiones disputatae)은 토론 수업의 산물이다. 여기 역자가 번역한 사도신경 강해설교는 물론 설교의 산물이다.

반면에 토마스의 가장 대표적인 저작인 『신학대전』(Summa theologiae)과 『대이교도대전』(Summa contra Gentiles)은 수업의 산물이 아니다. 『대이교도대전』은 전통적으로 도미니크 수도회의 총장(Raymond of Penafort)의 요구에 따라 마우르족에게 선교하러 갈 수도사들을 위한 선교 교재로 저술되었다고 알려져 있었다. 하지만 오늘날은 그것이 역사적 사실에 기초하지 않은 전설이었음이 밝혀졌다.[10] 사실 『대이교도대전』은 선교 교재도 아니고, 그 자체에 있어서 논쟁적인 저작도 아니다. 이 작품의 목적은 그리스도교 정통

---

9 "성경 연구 방법에는 세 가지가 있다. 강독, 토론, 설교가 그것이다. 강독은 나머지 것의 토대이자 지주이다. [⋯] 토론은 건물의 벽과 같은 것이다. 왜냐하면 먼저 토론의 이빨로 꼼꼼히 씹혀지기 전에는 아무것도 충분히 이해되지도 않고 충실하게 설교되지도 않기 때문이다. 앞선 두 작업에 의해 도움을 받은 설교는 신자를 더위와 악으로부터 지켜주는 지붕과 외장과 같은 것이다." Petrus Cantor, *Verbum abbreviatum*, c. 1, PL 205, 25 A-B.
10 A. Gauthier, *Somme contre les Gentils*. Introduction, Campin: Éditions universitaires, 1993, 165-174; C. Michon, "Introduction générale", in: Thomas d'Aquin, *Somme contre les Gentils* I, tr. par C. Michon, Paris: GF Flammarion, 1999, 45.

신앙을 믿지 않는 모든 불신자들의 오류, 곧 유대인, 무슬림, 그리스도교 이단들의 오류를 논박하고 불신자들에게 그리스도교 신앙 내용을 소개하는 것이다. 이 책은 네 권으로 구성되었고 크게 두 부분으로 나뉜다. 1권에서 3권까지는 인간의 이성으로 알 수 있는 하나님에 관한 진리를, 4권은 계시를 통해서만 알려질 수 있는 신적 진리를 다룬다.

지면 관계상 여기서 자세히 설명할 수는 없지만, 토마스의 수많은 저작 가운데 가장 유명한 책인 『신학대전』에 대해서는 몇 마디 덧붙이지 않을 수 없다.[11] 이 작품은 토마스가 그의 생애 마지막 시기인 1268년에서 1273년 사이에 쓴 작품으로, 원숙기에 도달한 저자의 사상적 깊이를 유감없이 보여준다. 토마스는 수년 간에 걸쳐 젊은 학생들을 가르쳐본 경험을 통해 신학 수업 초급자들을 위한 좋은 교재가 없음을 안타깝게 여기고는 자신이 직접 교재를 집필하고자 했던 것이다. 이 책에 대한 소개는 역자가 일부를 번역한 『신학대전: 자연과 은총에 관한 주요 문제들』[12]에서 자세히 설명했기 때문에 생략하고, 그 대신 이 책의 매력을 묘사하는 20세기의 유명한 정치철학자 한나 아렌트의 글을 인용한다.

---

11 토마스 아퀴나스 연구의 훌륭한 입문서인 또렐 신부의 책 뒷면에 질 에머리 신부가 정리해 놓은 토마스 아퀴나스 저작 목록은 토마스의 저작을 매우 체계적으로 잘 소개하고 있다. J.-P. Torrell, *Saint Thomas Aquinas*, vol. 1. *The Person and his Work*, tr. by R. Royal, The Catholic University of America Press, 2005.
12 토마스 아퀴나스, 『신학대전: 자연과 은총에 관한 주요 문제들』, 손은실, 박형국 옮김, 서울: 두란노 아카데미, 2011, 44-50.

성 토마스의 미완성의 걸작인 『신학대전』, […] 나는 이 작품 이후로 나온 체계 가운데서 이토록 확실하게 진리를 체계화하고, 그리고 이토록 일관된 지식의 대전에 필적할 수 있는 다른 어떤 체계도 알지 못한다. 모든 철학체계는 불안해하는 정신에게 안전한 자기 집 같은 정신의 집을 제공하고자 애쓴다. 하지만 그 어떤 체계도 『신학대전』과 같은 성공을 거두지는 못했으며, 그 어떤 체계도 모순을 그렇게 잘 피하지는 못했다. 이 집 안으로 들어가기 위해 요구되는 상당한 정신적 노력을 할 준비가 되어 있는 사람은 누구나 그 집에 있는 수많은 방 안에서 당황스러움이나 이해되지 않은 것을 결코 발견하지 않을 것이라는 보증을 보상으로 받았다.[13]

2. 사도신경 강해설교의 역사적 배경

토마스는 두 가지 자격을 갖고 설교의 임무를 수행해야 했다. 우선 중세 대학의 신학부 교수로서 설교 임무를 부여 받았다. 앞서 말한 것처럼 설교는 당시 신학부 교수의 주된 세 가지 임무 가운데 하나였기 때문이다. 다른 하나는 그가 도미니크 수도회 소속 신부였던 것에서 기인한다. 도미니크 수도회의 공식 명칭은 '설교자 수도회'로서, 말씀을 설교하는 것을 주된 목적으로 삼은 수도회였기 때문이다.

13 H. Arendt, *La vie de l'esprit*, tr. de l'anglais par L. Lotringer, Paris: PUF, 2005, p. 414.

지난 8세기 동안 토마스의 신학 저작이 자세히 연구되고 해석되어 온 것과는 대조적으로 그의 설교 작품은 아직 충분히 연구되지 않은 상황이다. 아마 신학자들 가운데서도 토마스의 설교문이 보존되어 있다는 사실에 대해 금시초문인 사람들도 적지 않을 것이다. 더구나 토마스의 설교문이 지금까지 전혀 번역, 소개된 적이 없는 국내에서는 말할 나위가 없을 것이다.

사도신경 강해설교는 토마스가 작고하기 1년 전인 1273년 사순절 기간에 그가 처음 수도복을 입었던 곳인 나폴리에서 행한 것이다. 토마스는 이때 모든 신자들을 대상으로 설교했기 때문에 라틴어가 아니라 자신의 모국어인 그 지역 토착어로 설교했다. 여기 번역하는 텍스트는, 그를 그림자처럼 항상 수행했던 동료이자 충실한 비서였던 피페르노의 레기날두스가 그의 설교를 듣고 필기하여 라틴어로 옮긴 것이다. 이렇게 구술한 것을 필기하여 전해지는 작품을 구술기록(Reportatio)이라고 부른다. 이것은 당시의 관행이었으며, 13세기의 많은 작품들이 수강자의 필기(reportatio)에 의해 전해진다. 필기 과정에서 필기자의 흔적이 아주 없을 수는 없지만, 이러한 전승 양식의 한계를 필요 이상으로 과장해서는 안 된다. 이런 이유로 인해 토마스 연구자들 사이에서 이 작품이 토마스의 참된 작품이 아니라는 논란은 전혀 없었다.

토마스는 인간의 구원을 위해 필요한 인식이 세 가지라고 말한다. 곧 무엇을 믿어야 하는가, 무엇을 바라야 하는가, 무엇을 행해야 하는가에 대한 인식이다. 토마스는 첫 번째 인식은 사도신경을 통해, 두 번째 인식은 주기도문을 통해, 세 번째 인식은 십계명을 통해 각각 얻을 수 있다고 말한다.[14] 사도신경, 주기도문, 십계명에 대한 토마스의 강해설교는 토마스가 대학에서 행했던 설교를 기록한 설교문과는 비교가 되지 않을 만큼 광범위하게 배포되었음을 그 사본수가 증명한다. 토마스의 대학 설교를 기록한 사본은 4개를 넘는 것이 없지만, 주기도문과 십계명 설교는 적어도 80개의 사본이, 사도신경 설교는 약 150개의 사본이 확인되고 있다. 사도신경 강해설교가 그의 설교 가운데서 월등히 많이 전해졌음을 알 수 있다.

3. 토마스 아퀴나스 설교의 특징

1) 단순한 언어 사용

토마스 설교 언어의 가장 두드러진 특징은 소박하고 단순하며 간결하다는 것이다. 토마스를 단지 고도의 추상적이고 사변적인 신학자 혹은 아리스토텔레스주의자 정도로만 알고 있던 사람이 그의 설교를 읽게 되면, 그가 가급적 단순한 언어를 사용하면서 전문적인 용어 사용을 극도로 자제한 것에 놀라지 않을 수 없을 것이다. 토마스의 설교에 대한 최고의 전문가인 바따이용 신부가 밝힌 것처럼, 토마스는 이 점에 있어서 스콜라 철학과 신학의 전문 용어에 감염되어 있던 동시대 설교가들과 분명한 대조를 이룬다.[15]

---

14 Thomas Aquinas, *De decem praeceptis*, pr.
15 L.-J. Bataillon, "L'emploi du langage philosophique dans les sermons du

2) 예화 사용 경계

토마스의 설교에서는 동시대 설교가들의 설교를 장식하던 예화도 찾아볼 수 없다.[16] 그는 동시대 설교가들이 애호하던 예화를 '하찮은 이야기'(frivolitates)라 부르며 경계했고, 설교자가 잡다하고 하찮은 이야기로 시간을 끄는 것을 부적절하다고 여겼다. 대신에 그는 누구에게나 익숙한 일상적인 경험에 호소한다. 그의 이러한 설교관을 여실히 보여주는 유명한 글이 있다. 그것은 브장송 수도원의 수도사 제라르에게 보낸 답신이다. 제라르는 토마스에게 동방박사에게 나타난 별의 모양이 십자가 모양이었는지, 아니면 십자가에 달린 사람의 모양이었는지를 서신을 통해 질문했다. 토마스는 그에게 보낸 답신에서 성서나 전승에서 그 문제에 대해 뒷받침해주는 것이 없다고 말하면서, "진리를 설교하는 사람이 검증할 수 없는 우화에 빠지는 것은 적절하지 않다"고 일침을 가했다.[17]

3) 성서 권위의 우선성

단순한 언어를 사용하고 예화 사용을 경계한 것 못지않게 토마스의 설교에서 두드러진 특징은 성서의 권위에 우선성을 부여한 것이다.

treiziéme siècle", *Sprache und Erkenntnis im Mittelalter*, Miscellanea Mediaevalia 13, 2 , Berlin, New York, 1981, 983-991.
16 J.-P. Torrell, "La pratique pastorale d'un théologien du XIIIe siècle: Thomas d'Aquin Prédicateur", *Revue Thomiste* 82(1982), 226.
17 *Responsio ad lectorem Bisuntinum*, Leon. t. 42, 355.

성서에 압도적인 권위와 자리를 할애한 점은 비단 설교에만 해당되는 것은 아니다. 『신학대전』과 『대이교도대전』에서 성서가 인용된 횟수는 2만 5천 번에 달한다. 이는 아리스토텔레스를 인용한 횟수가 4천 번인 것과 비교하면 그 중요성을 짐작할 수 있다. 물론 숫자만으로 모든 것을 말할 수는 없지만, 흔히 오해되는 것과 반대로 토마스에게 있어서 성서는 아리스토텔레스를 훨씬 능가하는 월등한 권위를 가지고 있었다.

사도신경 강해에서 성서는 약 300회 인용되었다. 신약이 200회 정도 인용되었고, 가장 많이 인용된 성서는 시편(29회)과 요한복음(32회)이다.[18] 성서 외에 교부 문헌이 11회 인용되었다. 구체적으로 아우구스티누스 6회, 그레고리우스 3회, 오리게네스와 디오니시오스가 각각 1회 인용되었다. 이와 같이 토마스가 성서에 우선적인 권위와 자리를 부여한 것에서 전문가들은 토마스 설교의 근대성을 볼 수 있다고 해석한다.[19] 물론 그렇다고 해서 토마스의 작품이 당시의 사고방식이나, 지금은 통용되지 않는 그 시대의 우주관을 반영하는 것과 같은 식의 시대적 한계에서 전적으로 자유로웠던 것은 아니다.[20]

---

18 *The Sermon-Conferences of St. Thomas Aquinas on the Apostles' Creed*, tr. by N. Ayo, University of Notre Dame Press, 1988, 10.
19 J.-P, Torrell, 위에 인용된 논문, 231.
20 Ibid., 230.

4. 사도신경 강해설교의 구조

토마스에 따르면, 본질적으로 믿음의 대상에 속하는 것은 우리가 영원한 삶에서 누리게 될 것과 우리를 영원한 삶으로 인도하는 것이다. 그것은 다름 아닌 그리스도의 신성의 비밀과 인성의 신비이다. 그리스도의 신성을 보는 것은 인간의 궁극적인 목적인 행복에 해당하는 것인데 우리는 그것을 영원한 삶에서 누리게 될 것이다.[21] 그리스도의 인성의 신비는 우리를 하나님의 자녀의 영광에 이르도록 인도하는 것이다.[22] 따라서 우리가 믿어야 하는 진리, 즉 신앙 조항은 바로 이 두 가지, 그리스도의 신성과 인성에 속하는 것이다.[23]

그런데 이 신앙 조항을 어떤 이들은 열네 조항으로, 다른 이들은 열두 조항으로 나눈다.[24] 열네 조항으로 나누는 경우는 신성과 인성을 구분하여 각각 일곱 조항으로 나눈다. 신성에 속하는 일곱 조항은 다음과 같다. 1) 한 분 하나님, 2) 성부, 3) 성자, 4) 성령, 5) 자연과 관련된 신의 창조 사역, 6) 은총에 속하는 칭의(=죄용서) 사역, 7) 인간을 영광에 참여시키는 보상이 그것이다. 인성에 속하는 일곱 조항은 1) 잉태, 2) 출생, 3) 고난 받으심 4) 음부에 내려가심, 5) 부활, 6) 승천, 7) 심판하러 오실 것이 그것이다.

반면에 신앙 조항을 열두 조항으로 나누는 이들은 신성과 인성

---

21 요한복음 17장 3절. 토마스 아퀴나스가 직접 인용하는 성구이다.
22 로마서 5장 2절. 토마스 아퀴나스가 직접 인용하는 성구이다.
23 ST II-II, 1, 8, c.
24 ST II-II, 1, 8, c.; 『신학요강』, 246장, 박승찬 옮김, 나남, 2008, 455-456.

에 관해 각각 여섯 개의 항목으로 나눈다. 여기 번역하는 사도신경 강해설교는 열두 조항으로 나누어져 있다. 신성에 속하는 여섯 조항은 제1항(성부), 제2항(성자), 제8항(성령), 제10항(칭의=죄용서), 제11항(모든 이의 육체의 부활), 제12항(영생=보상에 관한 것)이다. 그리스도의 인성에 속하는 여섯 조항은 제3항(잉태와 출생), 제4항(고난을 받으시고, 십자가에 못 박히시고, 죽으시고, 묻히심), 제5항(음부에 내려가시고, 다시 살아나심), 제6항(승천하시고, 성부 하나님 우편에 앉으심), 제7항(심판하러 오실 것), 제9항(거룩하고 보편적인 교회)이다.

각 조항에 대한 주석은 한 편의 설교로 구성되어 있다. 각 조항을 설명하는 설교의 일반적 구조는 대체로 다음과 같은 순서를 따른다. 1) 전체에 관한 도입과 논증과 예시로 신앙 조항 설명, 2) 오류 반박, 3) 신앙생활과 영적 관점에서 얻을 수 있는 유익, 4) 결론적 언급과 요약. 그런데 첫 번째 설교는 가장 먼저 유익을 말하는 점에서 이 구조와 약간 다르다.

약어표

Ad Cor. *Super Epistolam B. Pauli ad Corinthios lectura*

Ad Ephes. *Super Epistolam B. Pauli ad Ephesios lectura*

Ad Hebr. *Super Epistolam B. Pauli ad Hebraeos lectura*

Ad Rom. *Super Epistolam B. Pauli ad Romanos lectura*

CG *Contra Gentiles*

Comp. Theol. *Compendium theologiae seu brevis compilatio theologiae*

Cont. Graec. *Contra errores Graecorum*

De Eccl. Sacramentis *De articulis Fidei et Ecclesiae sacramentis*

De Pot. *Quaestiones disputatae de potentia*

DS Denzinger, *Symboles et Définitions de la foi catholique*

De Verit. *Quaestiones disputatae de veritate*

In Boet. de Trin. *Expositio super librum Boethii De Trinitate*

In Ioann. *Super Evangelium S. Ioannis lectura*

In Matth. *Super Evangelium S. Matthaei lectura*

In Psalm. *In psalmos Davidis expositio*

PG Patrologia cursus completus, series graeca.

PL Patrologia cursus completus, series latina.

Quodl. *Quaestiones de quodlibet*

Sent. *Scriptum super Sententiis*

ST *Summa theologiae*

사도신경 라틴어-한글

Credo in Deum patrem omnipotentem, creatorem caeli et terrae
et in Iesum Christum, filium eius unicum, dominum nostrum
qui conceptus est de spiritu sancto, natus ex Maria virgine
passus sub Pontio Pilato, crucifixus, mortuus et sepultus
descendit ad inferna[Cat. Brv.: inferos], tertia die resurrexit
   a mortuis,
ascendit ad caelos, sedet ad dexteram Dei patris omnipotentis,
inde venturus est iudicare vivos et mortuos
Credo in Spiritum Sanctum,
sanctam Ecclesiam catholicam,
sanctorum communionem, remissionem peccatorum,
carnis resurrectionem,
vitam aeternam. [25]

---

25 DS. 30.

나는 전능하신 아버지 하나님, 천지의 창조주를 믿습니다.

나는 그의 유일하신 아들, 우리 주 예수 그리스도를 믿습니다.

그는 성령으로 잉태되어 동정녀 마리아에게서 나셨고,

본디오 빌라도 치하에 고난을 받아 십자가에 못 박혀 죽으셨고, 장사되셨으며,

음부에 내려가셨으며, 사흘 만에 죽은 자 가운데서 다시 살아나셨으며,

하늘에 오르시어 전능하신 아버지 하나님 우편에 앉아 계시다가,

거기로부터 살아 있는 자와 죽은 자를 심판하러 오실 것입니다.

나는 성령을 믿으며, 거룩한 공교회와 성도의 교제와 죄를 용서 받는 것과 몸의 부활과 영생을 믿습니다. 아멘.

제2부

사도신경 강해설교 원문-번역

Sancti Thomae de Aquino
Expositio in Symbolum Apostolorum [1]

---

[1] 1954년 투리노에서 편집된 텍스트를 예수회 신부인 로베르토 부사가 자기 테이프[컴퓨터 초기 입력 장치]에 입력했다. 엔리케 알라르콘이 부사 신부가 입력한 텍스트를 다시 검토하고 배열하였다.

Prooemium

1. Primum quod est necessarium Christiano, est fides, sine qua nullus dicitur fidelis Christianus. Fides autem facit quatuor bona.

Primum est quod per fidem anima coniungitur Deo: nam per fidem anima Christiana facit quasi quoddam matrimonium cum Deo: Oseae II, 20: sponsabo te mihi in fide. Et inde est quod quando homo baptizatur, primo confitetur fidem, cum dicitur ei, credis in Deum?: Quia Baptismus est primum sacramentum fidei. Et ideo dicit dominus, Marc. ult., 16: qui crediderit et baptizatus fuerit, salvus erit. Baptismus enim sine fide non prodest. Et ideo sciendum est, quod nullus est acceptus Deo sine fide: Hebr. XI, 6: sine fide autem impossibile est placere Deo. Et ideo dicit Augustinus super illud Rom. XIV, 23: omne autem quod non est ex fide, peccatum

서문

1. 그리스도인에게 가장 먼저 필요한 것은 믿음입니다. 믿음이 없이는 아무도 신실한 그리스도인이라고 불리지 않습니다. 그런데 믿음은 네 가지 선을 만들어냅니다.

믿음이 만들어내는 첫 번째 선은 영혼이 믿음을 통해 하나님께 연합되는 것입니다. 왜냐하면 그리스도인의 영혼은 믿음을 통해서 하나님과 일종의 결혼을 하기 때문입니다. 호세아 2장 20절 말씀입니다. "내가 믿음 안에서 너와 약혼할 것이다." 그래서 사람이 세례를 받을 때 "당신은 하나님을 믿습니까?"라는 질문을 받고 제일 먼저 믿음을 고백하게 됩니다. 왜냐하면 세례는 믿음에 관한 첫 번째 성례전이기 때문입니다.[2] 그러므로 주님께서는 마가복음 마지막 장에서 말씀하십니다. "믿고 세례를 받는 사람은 구원을 얻을 것이다."[3] 왜냐하면 믿음이 없는 세례는 아무런 유익이 없기 때문입니다. 그러므로 누구도 믿음이 없이는 하나님께 용납되지 않는다는 것을 알아야 합니다. 히브리서 11장 6절 말씀입니다. "믿음이 없이는 하나님을 기쁘시게 할 수 없습니다." 그러므로 아우구스티누스는 로마서 14장 23절의 "믿음으로부터 나오지 않는 모든 것은 죄다"라는 말씀에 관하여 다음과 같이 말합니다. "영원하고 불변하는

---

2 ST III, 65, 2, c.
3 마가복음 16장 16절.

est: ubi non est aeternae et incommutabilis veritatis agnitio, falsa est virtus etiam in optimis moribus.

2. Secundo, quia per fidem inchoatur in nobis vita aeterna: nam vita aeterna nihil aliud est quam cognoscere Deum: unde dicit dominus, Ioan. XVII, 3: haec est vita aeterna, ut cognoscant te solum verum Deum. Haec autem cognitio Dei incipit hic per fidem, sed perficitur in vita futura, in qua cognoscemus eum sicuti est: et ideo dicitur Hebr. XI, 1: fides est substantia sperandarum rerum. Nullus ergo potest pervenire ad beatitudinem, quae est vera cognitio Dei, nisi primo cognoscat per fidem: Ioan. XX, 29: beati qui non viderunt et crediderunt.

진리에 대한 인식이 없을 때는 심지어 최선의 품행 안에도 거짓된 덕이 있을 따름이다."[4]

2. 믿음이 만들어내는 두 번째 선은 믿음을 통해 우리 안에서 영생이 시작되는 것입니다. 왜냐하면 영생은 하나님을 아는 것 외에 다른 것이 아니기 때문입니다. 그러므로 주님께서 요한복음 17장 3절에서 말씀하십니다. "영생은 이것이니, 그들이 당신만이 참되신 하나님이심을 아는 것입니다." 그런데 하나님에 대한 이런 인식은 믿음을 통해 현세에서 시작되지만, 우리가 하나님을 있는 그대로 알게 될 미래의 삶 속에서 완성됩니다. 그러므로 히브리서 11장 1절에서 이렇게 말씀하십니다. "믿음은 바라는 것들의 실체입니다." 따라서 누구도 먼저 믿음을 통해 하나님을 알지 않고는 하나님에 대한 참된 앎인 행복[5]에 이를 수 없습니다. 요한복음 20장 29절 말씀입니다. "보지 않고 믿은 자들은 복되다."

---

4 아우구스티누스 저작에서는 동일한 문장이 발견되지 않는다. 그런데 아우구스티누스와 다른 교부들의 명문을 모아놓은 다음 책에 이 문장이 표현 하나만 바뀐 형태로 인용된다. Prosper Aquitanus, *Liber sententiarum*, SL 68A (M. Gastaldo, 1972) cap. 106, linea 2. 표현이 바뀐 것은 non est 가 deest로 교체된 것이다. 그 의미는 동일하다. "ubi enim deest agnitio aeternae et incommutabilis veritatis, falsa virtus est etiam in optimis moribus." 비록 동일한 문장이 아우구스티누스 저작에서 발견되지는 않지만, 아우구스티누스는 거의 같은 생각을 가지고 있었다. 『신국론』 19, 10, 성염 역주, 2179; 같은 책, 19, 25, 2245.
5 '행복'으로 번역된 라틴어 단어는 beatitudo이다. 토마스는 행복이 최고선이며 인간의 궁극적 목적이라고 말하고, 다음과 같이 설명한다. 행복은 인간의 욕구를 완전히 충족시킬 수 없는 창조된 선, 즉 유한한 선에 있을 수 없고, 오직 무한하고 완전한 선이신 하나님의 본질을 보는 것에 있다 ST I-II, 2, 8, c.; Ibid., 3, 8, c.

3. Tertio, quia fides dirigit vitam praesentem: nam ad hoc quod homo bene vivat, oportet quod sciat necessaria ad bene vivendum: et si deberet omnia necessaria ad bene vivendum per studium addiscere: vel non posset pervenire, vel post longum tempus. Fides autem docet omnia necessaria ad bene vivendum. Ipsa enim docet quod est unus Deus, qui est remunerator bonorum et punitor malorum; et quod est alia vita, et huiusmodi: quibus satis allicimur ad bonum, et vitamus malum: Habac. II, 4: iustus meus ex fide vivit. Et hoc patet, quia nullus philosophorum ante adventum Christi cum toto conatu suo potuit tantum scire de Deo et de necessariis ad vitam aeternam, quantum post adventum Christi scit una vetula per fidem: et ideo dicitur Isai. XI, 9: repleta est terra scientia domini.

4. Quarto, quia fides est qua vincimus tentationes: Hebr. XI, 33: sancti per fidem vicerunt regna. Et hoc patet, quia omnis tentatio vel est a Diabolo, vel a mundo, vel a carne. Diabolus enim tentat ut

3. 믿음이 만들어내는 세 번째 선은 믿음이 현재의 삶을 인도하는 것입니다. 왜냐하면 사람이 잘 살기 위해서는 잘 사는 데 필요한 것들을 알아야만 하기 때문입니다. 그리고 만일 잘 사는 데 필요한 모든 것들을 공부를 통해서 익혀야 한다면, 이것에 도달하는 것은 불가능하거나, 혹은 오랜 시간이 지난 후에나 다다를 수 있을 것입니다. 그런데 믿음은 잘 사는 데 필요한 모든 것을 가르쳐줍니다. 왜냐하면 바로 이 믿음이야말로 하나님이 한 분이시라는 것과, 선한 사람에게는 상을 주시고 악한 사람에게는 벌을 주시는 분이시라는 것을 가르쳐주기 때문입니다. 믿음은 또한 [현세의 삶과] 다른 삶이 존재한다는 것과 이와 비슷한 것들을 가르쳐줍니다. 이런 배움을 통해서 우리는 충분히 선으로 이끌리게 되고 악을 피하게 됩니다. 하박국 2장 4절 말씀입니다. "나의 의인은 믿음으로 산다." 그리고 그리스도가 오시기 이전의 철학자들 가운데서 그 누구도 자신의 모든 노력을 가지고 하나님에 대해 또한 영생에 필요한 것들에 대해, 그리스도께서 오신 이후 한 작은 할머니(vetula)가 믿음을 통해서 아는 것만큼도 알 수 없었다는 것이 분명합니다. 그러므로 이사야 11장 9절에서 이렇게 말씀하십니다. "땅은 주님에 대한 지식으로 충만하다."

4. 믿음이 만들어내는 네 번째 선은 믿음으로 우리가 유혹을 이길 수 있다는 것입니다. 히브리서 11장 33절 말씀입니다. "성도들은 믿음을 통해 나라들을 이겼습니다." 모든 유혹이 혹은 악마로부터, 혹은 세상으로부터, 혹은 육신으로부터 온다는 것은 분명합니다. 왜

non obedias Deo nec subiiciaris ei. Et hoc per fidem removetur. Nam per fidem cognoscimus quod ipse est dominus omnium, et ideo sibi est obediendum: I Petr. V, 8: adversarius vester Diabolus circuit quaerens quem devoret: cui resistite fortes in fide. Mundus autem tentat vel alliciendo prosperis, vel terrendo adversis. Sed haec vincimus per fidem, quae facit nos credere aliam vitam meliorem ista: et ideo prospera mundi huius despicimus, et non formidamus adversa: I Ioan. V, 4: haec est victoria quae vincit mundum, fides nostra: et etiam quia docet nos credere alia maiora mala, scilicet Inferni. Caro vero tentat inducendo nos ad delectationes vitae praesentis momentaneas. Sed fides ostendit nobis quod per has, si eis indebite adhaeremus, aeternas delectationes amittimus: Ephes. VI, 16: in omnibus sumentes scutum fidei. Sic ergo patet quod multum est utile habere fidem.

5. Sed dicit aliquis: stultum est credere quod non videtur, nec sunt credenda quae non videntur.

냐하면 악마는 당신이 하나님께 순종하지 않도록, 또한 그분 아래 있지 않도록 유혹하기 때문입니다. 그런데 우리는 믿음을 통해 이 유혹을 물리치게 됩니다. 왜냐하면 우리는 바로 믿음을 통해서 하나님이 모든 것들의 주님이시고, 따라서 그분에게 순종해야 한다는 것을 알게 되기 때문입니다. 베드로전서 5장 8절 말씀입니다. "여러분의 대적 악마는 삼킬 자를 찾으면서 돌아다닙니다. 믿음 안에 굳건히 서서 그에게 저항하십시오." 그런가 하면 세상은 부귀로 꼬드긴다든지 혹은 역경을 통해 위협함으로써 유혹합니다. 그러나 우리는, 우리로 하여금 현세의 삶보다 더 나은 다른 삶이 있다는 것을 믿게 해주는 믿음을 통해서 이 유혹들을 이겨 냅니다. 그러므로 우리는 이 세상의 부귀를 하찮게 여기고, 역경을 무서워하지도 않습니다. 요한1서 5장 4절 말씀입니다. "세상을 이기는 승리는 이것이니 바로 우리의 믿음입니다." 그리고 또한 믿음은 우리가 더 큰 다른 악, 즉 지옥이라는 악이 있다는 것을 믿도록 가르칩니다. 한편으로 육신은 우리를 현세적인 삶의 일시적 즐거움으로 유인함으로써 유혹합니다. 하지만 믿음은, 만일 우리가 그것에 부당하게 집착하면 그것 때문에 영원한 기쁨을 잃게 된다는 것을 우리에게 보여줍니다. 에베소서 6장 16절 말씀입니다. "모든 일에 있어서 믿음의 방패를 가지고." 그러므로 이렇게 믿음을 갖는 것은 매우 유익하다는 것이 명백합니다.

5. 그러나 어떤 사람은 "보이지 않는 것을 믿는 것은 어리석으며, 보이지 않는 것들을 믿어서도 안 된다"라고 말합니다.

Respondeo. Dicendum, quod hoc dubium primo tollit imperfectio intellectus nostri: nam si homo posset perfecte per se cognoscere omnia visibilia et invisibilia, stultum esset credere quae non videmus; sed cognitio nostra est adeo debilis quod nullus philosophus potuit unquam perfecte investigare naturam unius muscae: unde legitur, quod unus philosophus fuit triginta annis in solitudine, ut cognosceret naturam apis. Si ergo intellectus noster est ita debilis, nonne stultum est nolle credere de Deo, nisi illa tantum quae homo potest cognoscere per se? Et ideo contra hoc dicitur Iob XXXVI, 26: ecce Deus magnus, vincens scientiam nostram.

6. Secundo potest responderi, quia dato quod aliquis magister aliquid diceret in sua scientia, et aliquis rusticus diceret non esse sicut magister doceret, eo quod ipse non intelligeret, multum reputaretur stultus ille rusticus. Constat autem quod intellectus Angeli excedit magis intellectum optimi philosophi, quam intellectus optimi philosophi intellectum rustici. Et ideo stultus est philosophus si nolit credere ea quae Angeli dicunt; et multo magis si

이에 대해 나는 이렇게 대답합니다. 첫째로 우리의 지성의 불완전함이 이런 의심을 제거해준다고 말해야 합니다. 왜냐하면 만일 사람이 보이는 것과 보이지 않는 모든 것을 스스로 완전하게 알 수 있다면 우리가 보지 못하는 것을 믿는 것은 어리석은 일이겠지만, 우리의 인식은 그 어떤 철학자도 파리 한 마리의 본성조차 결코 완전하게 탐구할 수 없었을 만큼 연약하기 때문입니다. 그래서 우리는 한 철학자가 벌의 본성을 알기 위해서 30년 동안이나 고독하게 지냈다는 글을 읽기도 합니다. 따라서 만일 우리의 지성이 이토록 연약하다면, 사람이 하나님에 대해서 스스로 알 수 있는 것을 제외하고는 믿지 않겠다고 하는 것은 어리석은 일이 아니겠습니까? 따라서 이와 반대로 욥기 36장 26절은 다음과 같이 말합니다. "보라, 하나님은 우리의 인식을 능가하시는 위대한 분이시다."

6. 둘째로 다음과 같이 대답할 수 있습니다. 어느 선생이 자신이 알고 있는 범위 내에서 어떤 것을 말하는데, 한 시골사람(rusticus)이 자신이 그것을 이해하지 못한다고 해서 그 선생이 가르치는 바가 틀렸다고 말한다면, 그는 매우 어리석은 자로 간주될 것입니다. 그런데 가장 뛰어난 철학자의 지성이 시골사람의 지성을 능가하는 것보다도, 천사의 지성이 가장 훌륭한 철학자의 지성을 더욱 능가한다는 것은 명백합니다. 그러므로 만일 어떤 철학자가 천사들이 말하는 것을 믿기를 원치 않는다면 그는 어리석으며, 하나님께서 말씀하시는 것을 믿기를 원치 않는다면 그는 훨씬 더 어리석습니다. 이런 어리석음에 반대하여 집회서 3장 25절에서 말씀합니다. "인간

nolit credere ea quae Deus dicit. Et contra hoc dicitur Eccli. III, 25: plurima supra sensum hominum ostensa sunt tibi.

7. Tertio responderi potest, quia si homo nollet credere nisi ea quae cognosceret, certe non posset vivere in hoc mundo. Quomodo enim aliquis vivere posset nisi crederet alicui? Quomodo etiam crederet quod talis esset pater suus? Et ideo est necesse quod homo credat alicui de iis quae perfecte non potest scire per se. Sed nulli est credendum sicut Deo: et ideo illi qui non credunt dictis fidei, non sunt sapientes, sed stulti et superbi, sicut dicit apostolus I ad Tim. VI, 4: superbus est, nihil sciens. Propterea dicebat II Tim. I, 12: scio cui credidi et certus sum. Eccli. II, 8: qui timetis Deum, credite illi.

Quare potest etiam responderi, quia Deus probat quod ea quae docet fides, sunt vera. Si enim rex mitteret litteras cum sigillo suo sigillatas, nullus auderet dicere quod illae litterae non processissent de regis voluntate. Constat autem quod omnia quae sancti crediderunt et tradiderunt nobis de fide Christi, signata sunt sigillo Dei: quod sigillum

의 이해를 초월하는 매우 많은 것들이 너에게 알려졌다."

7. 셋째로 다음과 같이 대답할 수 있습니다. 만일 어떤 사람이 그가 아는 것 외에는 믿으려고 하지 않는다면, 분명 그는 이 세상에서 살 수 없을 것입니다. 참으로 어떤 사람이 누군가를 믿지 않는다면 어떻게 살 수 있겠습니까? 심지어 어떤 사람이 자신의 아버지라는 것을 어떻게 믿을 수 있겠습니까? 그러므로 사람은 혼자서 전부 다 알 수 없는 것들에 관하여 누군가의 말을 믿는 것이 필요합니다. 그러나 우리는 그 누구도 하나님처럼 믿어서는 안 됩니다. 그러므로 믿음의 말씀을 믿지 않는 자들은 미련하며 어리석고 교만합니다. 이것은 사도가 디모데전서 6장 4절에서 말씀하는 것과 같습니다. "그는 아무것도 알지 못하면서, 교만합니다." 그러므로 사도는 디모데후서 1장 12절에서 말씀했습니다. "내가 믿었던 분을 나는 알고 또한 확신합니다." 집회서 2장 8절 말씀입니다. "하나님을 두려워하는 여러분, 그분을 믿으십시오."

이렇게 대답할 수 있는 이유는, 믿음이 가르쳐주는 것들이 참되다는 것을 하나님께서 증명하시기 때문입니다. 왜냐하면 만일 왕이 자신의 인장으로 봉인한 서한을 보낸다면, 그 누구도 감히 그 서한이 왕의 의지로부터 나온 것이 아니라고 말할 수 없을 것이기 때문입니다. 그런데 예수 그리스도에 대한 믿음에 관하여 교부(sancti)[6]

---

6 토마스 아퀴나스의 글에서 'sancti'(직역하면 성인들)는 교부를 지칭하기도 한다. 바로 이 문맥에서도 sancti는 교부를 지칭한다. Cf. G. Berceville, "L'autorité des Pères selon Thomas d'Aquin", *Revue des sciences philosophiques et théologiques*

ostendunt illa opera quae nulla pura creatura facere potest[7]: et haec sunt miracula, quibus Christus confirmavit dicta apostolorum et sanctorum.

8. Si dicas, quod miracula nullus vidit fieri: respondeo ad hoc. Constat enim quod totus mundus colebat idola, et fidem Christi persequebatur, sicut Paganorum etiam historiae tradunt; sed modo omnes conversi sunt ad Christum, et sapientes et nobiles et divites et potentes et magni ad praedicationem simplicium et pauperum et paucorum praedicantium Christum. Aut ergo hoc est miraculose factum, aut non. Si miraculose, habes propositum.[8] Si non, dico quod non potuit esse maius miraculum quam quod mundus totus sine miraculis converteretur. Non ergo quaerimus aliud.[9]

---

7 레오판의 수정된 본문: "quod quidem sigillum est illa opera nulla pura creatura facere potest nisi Deus."
8 레오판의 수정된 본문: "habeo propositum."
9 레오판의 수정된 본문: "Non ergo queras aliud." 레오판은 중세식 표기, 즉 ae를 e로 축약해서 표현한다.

들이 믿고, 우리에게 전해 준 모든 것들이 하나님의 인장으로 봉인된 것이라는 점은 분명합니다. 단순히 피조물로서는 그 어떤 것도 행할 수 없는 저 행적들이 그 인장을 드러내줍니다. 그 행적들은 그리스도께서 사도들과 교부들의 말을 확증해주신 기적입니다.

8. 만일 당신이 기적이 일어나는 것을 아무도 보지 못했다고 말한다면, 이에 대하여 나는 다음과 같이 대답합니다. 심지어 이방인들의 역사도 전해주듯이, 실로 온 세상이 우상들을 섬기고 그리스도에 대한 믿음을 박해했다는 것은 익히 알려진 사실입니다. 그러나 지금은 모든 이들이 그리스도에게로 회심했습니다. 그리고 그리스도를 선포하는 단순하고 가난하고 적은 수의 사람들의 설교를 통해, 지혜롭고 고귀하고 부유하고 능력 있고 위대한 사람들이 회심했습니다. 결국 이것은 기적적으로 일어난 것이거나, 혹은 그렇지 않거나입니다. 만일 기적적으로 일어난 것이라면, 당신은 기적이 일어났다는 증거를 가지게 된 것입니다. 만일 기적적으로 일어난 것이 아니라면, 온 세상이 기적 없이 회심하는 것보다 더 큰 기적은 존재할 수 없었다고 나는 단언합니다.[10] 그러므로 우리는 더 이상 다른 증거를 찾을 필요가 없습니다.

---

10 아우구스티누스가 먼저 이와 같은 말을 했다. 『신국론』 22권 5, 성염 역주, 분도출판사, 2010, 2575-2579.

9. Sic ergo nullus debet dubitare de fide, sed credere ea quae fidei sunt magis quam ea quae videt: quia visus hominis potest decipi, sed Dei scientia nunquam fallitur.

Articulus 1
Credo in unum Deum patrem omnipotentem, creatorem caeli et terrae

10. Inter omnia quae debent credere fideles, hoc est primum quod debent credere, scilicet quod sit unus Deus. Considerandum autem, quid significet hoc nomen Deus: quod quidem nihil est aliud quam gubernator et provisor rerum omnium. Ille igitur credit Deum esse qui credit omnes res mundi huius

9. 이처럼 아무도 믿음에 대해서 의심해서는 안 되며, 보이는 것들 보다는 믿음에 속하는 것들을 더욱 믿어야 합니다. 왜냐하면 인간의 시각은 속을 수 있지만, 하나님의 인식은 결코 틀리는 법이 없기 때문입니다.

1항.
"나는 한 분[11] 하나님, 전능하신 아버지,
천지의 창조주를 믿습니다."

10. 신자들이 믿어야 하는 모든 것들 가운데서, 첫 번째로 믿어야 하는 것은 이것입니다. 즉 오직 한 분 하나님이 계신다는 것입니다. 그런데 이 '하나님'이라는 이름이 무엇을 의미하는지를 생각해봐야 합니다. 이 이름이 의미하는 것은 [하나님이] 만물의 통치자와 섭리자라는 것 외에 다른 어떤 것도 아닙니다.[12] 그러므로 하나님께서 이 세상에 존재하는 모든 것을 통치하고 섭리하신다고 믿는 사람

---

11 '한 분'(unum)은 공인본 텍스트에는 나오지 않는다.
12 토마스 아퀴나스는 아레오파고의 위-디오니시오스의 문장을 인용하면서 'Deus'라는 명칭은 만물을 보살피고 섭리한다는 것에서 나왔다고 말한다. ST I, 13, 8, c. 토마스의 글에 인용된 위-디오니시오스의 문장: "신성은 섭리와 완전한 선에 의해 모든 것을 보는 것이다."(deitas est quae omnia videt providentia et bonitate perfecta), Pseudo-Dionysius the Areopagite, *De divinis nominibus* XII, §2, PG 3, 969. 그는 Deus를 '보다'를 의미하는 그리스어 θεωρεῖν에서 나온 것으로 본다. Deus의 어원과 관련하여 토마스는 다마스쿠스의 요한의 『정통신앙론』도 인용한다. John of Damascus, *De Fide Orthodoxa* I, 9, PG 94, 835.

gubernari et provideri ab illo.

Qui autem credit quod omnia proveniant a casu, hic non credit Deum esse. Nullus autem invenitur adeo stultus qui non credat quod res naturales gubernentur, provideantur, et disponantur; cum in quodam ordine et certis temporibus procedant. Videmus enim solem et lunam et stellas, et alias res naturales omnes servare determinatum cursum; quod non contingeret, si a casu essent: unde si aliquis esset qui non crederet Deum esse, stultus esset. Psal. XIII, 1: dixit insipiens in corde suo: non est Deus.

11. Sunt autem aliqui qui licet credant Deum gubernare et disponere res naturales, non tamen credunt Deum esse humanorum actuum provisorem; qui scilicet credunt actus humanos non disponi a Deo. Cuius ratio est, quia vident in mundo isto bonos affligi, et malos prosperari: quod videtur tollere providentiam divinam circa homines: unde in persona eorum dicitur Iob XXII, 14: circa cardines caeli perambulat, nec nostra considerat.

Hoc autem est valde stultum. Nam istis accidit, sicut si aliquis nesciens medicinam, videret medicum

은, 하나님이 존재한다는 것을 믿습니다.

그러나 모든 것이 우연으로부터 생긴다고 믿는 사람은 하나님이 존재한다는 것을 믿지 않습니다. 하지만 자연계가 통치되고 섭리되고 배열된다는 것을 믿지 않을 정도로 어리석은 사람은 아무도 없습니다. 왜냐하면 자연계는 일종의 질서에 따라, 그리고 일정한 시간에 발현되기 때문입니다. 우리는 태양과 달과 별들, 그리고 다른 모든 자연물이 정해진 궤도를 고수하고 있는 것을 봅니다. 만일 그것들이 우연히 존재한다면 그런 식으로 일어나지 않을 것입니다. 그러므로 어떤 사람이 하나님이 존재한다는 것을 불신한다면 그는 어리석은 사람일 것입니다. 시편 13[14]편 1절 말씀입니다. "어리석은 자가 그의 마음속으로 말하였다. 하나님은 존재하지 않는다."

11. 그런데 어떤 사람들은 하나님이 자연계를 통치하시고 배열하신다는 것은 믿으면서도 인간사를 섭리하신다는 것은 믿지 않습니다. 즉 그들은 인간의 행위는 하나님에 의해 조정되지 않는다고 믿는 사람들입니다. 그 이유는 그들이 세상에서 선한 사람들이 고통을 받고, 악한 사람들이 번창하는 것을 보기 때문입니다. 그들은 이것을 하나님께서 인간사를 섭리하지 않는 증거로 간주합니다. 그러므로 욥기 22장 14절에는 그런 사람들을 대변하는 다음과 같은 말이 나옵니다. "그는 하늘의 축 주위를 거니시고, 우리의 일은 생각하지 않으신다."

하지만 이것은 매우 어리석은 것입니다. 왜냐하면 그런 사람들에게는 다음과 같은 일이 일어나기 때문입니다. 마치 의학에 문외

propinantem uni infirmo aquam, alteri vinum, secundum scilicet quod ars medicinae dictat: crederet quod hoc fiat a casu, cum nesciat artem medicinae, quae ex iusta causa hoc facit, scilicet quod isti dat vinum, illi vero aquam.

12. Sic est de Deo. Deus enim ex iusta causa et sua providentia disponit ea quae sunt hominibus necessaria; et sic quosdam bonos affligit, et quosdam malos in prosperitate dimittit. Unde qui credit hoc provenire a casu, est et reputatur insipiens: quia non contingit hoc, nisi quia nescit artem et causam dispositionis divinae. Iob XI, 6: ut ostenderet tibi secreta sapientiae, et quod multiplex esset lex eius. Et ideo firmiter credendum est, quod Deus gubernat et disponit non solum res naturales, sed etiam actus humanos. Psal. XCIII, 7, 8 et 9: et dixerunt, non videbit dominus, nec intelliget Deus Iacob. Intelligite insipientes in populo, et stulti aliquando sapite. Qui plantavit aurem, non audiet; aut qui finxit oculum, non considerat? (...) V. 10. Dominus scit cogitationes hominum.

Omnia ergo videt, et cogitationes, et occulta voluntatis. Unde et hominibus specialiter imponitur

한인 어떤 사람이, 의사가 의술에 따라 어떤 환자에게는 물을, 다른 환자에게는 포도주를 처방하는 것을 보면서 이것이 우연히 된 것이라고 믿는 것과 같은 일이 일어나는 것입니다. 왜냐하면 그 사람은 의술을 알지 못하기 때문입니다. 의술은 정당한 이유를 갖고서 이 사람에게는 포도주를, 저 사람에게는 물을 주게 하는 것입니다.

12. 하나님에 대해서도 마찬가지입니다. 하나님은 정당한 이유와 자신의 섭리에 따라 사람들에게 필요한 것들을 배치하십니다. 그리하여 하나님은 어떤 선한 사람들은 고생하게 만드시고, 어떤 악한 사람들은 번창하도록 내버려두십니다. 따라서 이러한 일이 우연히 일어난다고 믿는 사람은 어리석으며 또한 어리석은 자로 간주됩니다. 왜냐하면 이 같은 일은 하나님의 섭리의 지혜와 원인에 대해 무지한 경우가 아니면 일어나지 않기 때문입니다. 욥기 11장 6절 말씀입니다. "그가 지혜의 비밀을 너에게 알려 주시기를, 그리고 그의 법이 다양함을 알려 주시기를." 그러므로 하나님께서 자연계뿐만 아니라 인간사도 통치하시고 배치하신다는 것을 확실히 믿어야만 합니다. 시편 93[94]편 7-9절 말씀입니다. "그리고 그들(악인들)이 말하였습니다. '주님께서 보지 못하실 것이고, 야곱의 하나님께서 알지 못하실 것이다.' 백성 가운데서 지혜 없는 자들아, 너희는 깨달으라. 어리석은 자들아, 너희는 언젠가는 알아라. 귀를 지으신 분이 듣지 못하겠으며, 혹은 눈을 빚으신 분이 보지 못하시겠느냐?" 10절 말씀입니다. "주님께서 사람들의 생각을 아신다."

그러므로 그분은 모든 것, 즉 생각과 의지 안에 숨겨져 있는 것

necessitas bene faciendi, quia omnia quae cogitant et faciunt, divino conspectui sunt manifesta, apostolus Hebr. IV, 13: omnia nuda sunt et aperta oculis eius.

13. Est autem credendum, quod hic Deus qui omnia disponit et regit, sit unus Deus tantum. Cuius ratio est, quia illa dispositio rerum humanarum est bene disposita, in qua multitudo invenitur disponi et gubernari per unum. Nam multitudo praesidentium inducit saepe dissensionem in subditis: unde cum divinum regimen praeeminet regimini humano, manifestum est quod regnum mundi non est per multos deos, sed per unum tantum.

14. Sunt autem quatuor, ex quibus homines inducti sunt ad ponendum plures deos.

Primum est imbecillitas intellectus humani. Nam homines imbecillis intellectus non valentes corporalia transcendere, non crediderunt aliquid esse ultra naturam corporum sensibilium; et ideo inter corpora illa posuerunt praeeminere et disponere mundum, quae pulchriora et digniora inter ea videbantur, et eis attribuebant et impendebant

들을 보십니다. 따라서 특별히 사람들은 행동을 잘할 필요가 있습니다. 왜냐하면 사람들이 생각하고 행동하는 모든 것이 하나님의 눈앞에서 드러나기 때문입니다. 히브리서 4장 13절에서 사도는 이렇게 말합니다. "모든 것이 그분의 눈에 벌거벗겨져 있고, 드러나 있습니다."

13. 그리고 모든 것을 배치하시고 다스리시는 하나님이 오직 한 분 하나님이시라는 것을 믿어야 합니다. 그 이유는 인간사의 배치는 다수가 하나에 의해 배치되고 통치될 때, 잘 배치되기 때문입니다. 왜냐하면 다수의 통치자는 피지배자들 사이에서 자주 갈등을 유발하기 때문입니다. 그러므로 하나님의 통치가 인간의 통치보다 뛰어나기 때문에, 세상의 통치는 다수의 신들에 의한 것이 아니라 오직 한 분 하나님에 의한 것임이 명백합니다.

14. 그런데 사람들이 다수의 신들을 생각하게끔 유도하는 네 가지가 있습니다.

첫째로 인간 지성의 연약함입니다. 왜냐하면 연약한 지성을 가진 인간은 육체적인 것을 초월할 능력이 없기 때문에 육체의 감각적 본성을 뛰어넘는 어떤 것이 있다고 믿지 않았기 때문입니다. 그러므로 그들은 육체적인 것들 가운데서 보다 아름답고 존엄하게 보이는 것들이 더 우월하며 세상을 다스린다고 생각했습니다. 그리고 그것들에게 신적 숭배를 돌리고 바쳤습니다. 천상의 물체들, 즉 해와 달과 별들이 이런 종류의 것들입니다. 그러나 마치 이 사람들은

divinum cultum: et huiusmodi sunt corpora caelestia, scilicet sol et luna et stellae. Sed istis accidit sicut alicui eunti ad curiam regis, qui volens videre regem, credit quemcumque bene indutum vel in officio constitutum, regem esse: de quibus dicitur Sap. XIII, 2: solem et lunam, aut gyrum stellarum rectores orbis terrarum deos putaverunt; Isai. LI, 6: levate in excelsum oculos vestros, et videte sub terra deorsum: quia caeli sicut fumus liquescent, et terra sicut vestimentum atteretur, et habitatores eius sicut haec interibunt; salus autem mea in sempiternum erit, et iustitia mea non deficiet.

15. Secundo provenit ex adulatione hominum. Nam aliqui volentes adulari dominis et regibus, honorem Deo debitum eis exhibuerunt, obediendo eis, et subiiciendo se eis: unde et aliquos post mortem fecerunt deos, alios etiam in vita dixerunt deos. Iudith V, 29: sciat omnis gens, quomodo Nabuchodonosor Deus terrae est, et praeter ipsum alius non est.[13]

13 레오판의 수정된 본문: "Vt sciat omnis gens, quia Nabuchodonosor Deus terrae est, et praeter ipsum alius non est."

왕을 보려고 왕궁으로 가는 도중에 누구라도 옷을 잘 입은 사람, 혹은 관직을 맡은 사람을 왕이라고 믿는 어떤 사람과 비슷한 경우에 해당됩니다. 그런 자들에 관하여 지혜서 13장 2절은 말합니다. "그들은 해와 달이, 혹은 별들의 회전이 세상을 지배하는 신들이라고 여겼다." 이사야 51장 6절 말씀입니다. "너희 눈을 높은 곳으로 들라. 그리고 그 아래 땅을 굽어보아라. 하늘은 연기처럼 사라질 것이고, 땅은 옷처럼 닳을 것이며 그 주민들은 그 [땅]처럼 파멸할 것이다. 그러나 나의 구원은 영원할 것이며, 나의 정의는 약해지지 않을 것이다."

15. 둘째로 그것은 사람들의 아첨에서 비롯됩니다. 왜냐하면 어떤 이들은 주인들과 왕들에게 아부하기 위해 그들에게 복종하고 굴복함으로써, 하나님께 돌려드려야 할 영광을 그들에게 보여주었기 때문입니다. 그러므로 그들은 어떤 이들이 죽은 다음에 [그들을] 신으로 모셨고, 심지어 현세에서도 다른 이들을 신이라고 불렀습니다. 유딧 5장 29절 말씀입니다. "모든 민족은 어떻게 느부갓네살이 땅의 신이며 바로 그 외에는 다른 신이 없는지를 알지어다."[14]

---

14 레오판의 수정된 본문: "모든 민족은 느부갓네살이 땅의 신이며 바로 그 외에는 다른 신이 없다는 것을 알지어다."

16. Tertio provenit ex carnali affectu ad filios et consanguineos: nam aliqui propter nimium amorem quem ad suos habebant, faciebant statuas post eorum mortem, et sic ex hoc processum est quod illis statuis divinum cultum impendebant: de quibus dicitur Sap. XIV, 21: quoniam aut effectui aut regibus deservientes homines, incommunicabile nomen lapidibus et lignis imposuerunt.

17. Quarto ex malitia Diaboli. Ipse enim ab initio voluit aequiparari Deo: unde ipse ait, Isai. XIV, 13-14: ponam sedem meam[15] ab Aquilone, in caelum conscendam, et ero similis altissimo. Et hanc voluntatem nondum deposuit; et ideo totus conatus suus in hoc existit ut faciat se ab hominibus adorari, et sacrificia sibi offerri: non quod delectetur in uno cane vel Cato qui ei offertur, sed delectatur in hoc quod ei impendatur reverentia sicut Deo: unde et Christo dixit, Matth. IV, 9: haec omnia tibi dabo, si cadens adoraveris me. Inde est etiam quod intrantes

---

15 "ponam sedem meam" 인용된 이사야서 구절의 불가타 원문은 "exaltabo solium meum." 이런 차이는 아마도 토마스의 설교를 라틴어로 옮기던 레기날두스가 성경을 직접 찾지 않고 자신이 기억하고 있는 대로 인용한 데서 왔을 수 있다.

16. 셋째로 그것은 자녀와 친족을 향한 육적인 애정에서 비롯됩니다. 왜냐하면 어떤 이들은 자기 사람들을 향한 지나친 사랑으로 인해, 그들이 죽은 후에 조각상을 만들었기 때문입니다. 또한 이렇게 해서 그들은 그 조각상들에게 신적 숭배를 바치기까지 했던 것입니다. 그런 자들에 관하여 지혜서 14장 21절은 말합니다. "사람들은 혹은 만들어진 것이나 혹은 왕들을 지나치게 섬긴 나머지 돌과 나무에게 통용될 수 없는 이름을 붙여주었다."

17. 넷째로 그것은 악마의 악의에서 비롯됩니다. 왜냐하면 바로 악마 자신이 처음부터 하나님과 동등해지기를 원했기 때문입니다. 그러므로 악마 자신이 이사야 14장 13-14절에서 이렇게 말했습니다. "나는 북쪽에 내 자리를 두고, 하늘로 올라가 가장 높으신 분과 같아지리라." 그는 아직도 이 의지를 포기하지 않았습니다. 그러므로 그의 모든 노력은 이것, 즉 사람들이 자신을 숭배하고 자기에게 희생을 바치도록 만드는 것에 있습니다. 그는 자신에게 바쳐진 한 마리의 개나 고양이를 기뻐하는 것이 아니라, 자신이 하나님처럼 경배를 받는 것을 기뻐합니다. 그러므로 그는 마태복음 4장 9절에 나오듯이 예수님께도 이렇게 말했습니다. "만약 네가 엎드려 나에게 경배하면, 나는 이 모든 것을 너에게 주겠다." 또한 악마는 신처럼 숭배받기 위해, 우상 안으로 들어가서 대답을 하게 만든 것입니다.

idola, dabant responsa, ut scilicet venerarentur ut dii. Psalm. XCV, 5: omnes dii gentium Daemonia; apostolus, I Cor. X, 20: sed quae immolant gentes, Daemoniis immolant, et non Deo.

18. Licet autem haec sint horribilia, sunt tamen aliquando et multi qui frequenter incidunt in istas quatuor causas. Et licet non ore aut corde, tamen factis ostendunt se credere plures deos.

Nam qui credunt quod corpora caelestia possunt in voluntatem hominis imprimere, et qui in factis suis certa accipiunt tempora, ii ponunt corpora caelestia esse deos, et aliis dominari, facientes astrolabia. Ierem. X, 2: a signis caeli nolite metuere quae timent gentes, quia leges populorum vanae sunt. Item omnes illi qui obediunt regibus plusquam Deo, vel in illis in quibus non debent, constituunt eos deos suos. Act. V, 29: obedire oportet Deo magis quam hominibus.

Item illi qui diligunt filios aut consanguineos plusquam Deum, ostendunt factis suis plures esse deos. Vel etiam illi qui diligunt escam plusquam Deum: de quibus apostolus Phil. III, 19: quorum Deus venter est.

시편 95[96]편 5절 말씀입니다. "이방인들의 모든 신들은 마귀들이다." 사도는 고린도전서 10장 20절에서 말합니다. "그러나 이방인들이 제물로 바치는 것들은 마귀들에게 바치는 것이지 하나님께 바치는 것이 아닙니다."

18. 비록 이것들은 끔찍한 것들이지만, 이 네 가지 원인에 자주 빠져드는 사람들이 종종 많이 있습니다. 또한 그들은 자신이 다수의 신들을 믿는다는 것을 비록 입으로나 마음으로는 아닐지라도 행위로 보여줍니다.

왜냐하면 천체들이 인간의 의지에 영향을 줄 수 있다고 믿는 이들, 그리고 특정한 시간을 선택하여 행동하는 이들은 점치는 기구들을 만들면서 천체들이 신이며 다른 것들을 지배한다고 주장하기 때문입니다. 예레미야 10장 2절 말씀입니다. "이방인들이 두려워하는 하늘의 징조들을 두려워하지 말라. 왜냐하면 그 민족들의 법은 헛되기 때문이다." 마찬가지로 하나님보다 왕들에게 더욱 순종하거나, 순종하지 말아야 할 사람들에게 순종하는 모든 이들은 그들을 자신의 신으로 세웁니다. 사도행전 5장 29절 말씀입니다. "사람에게보다 하나님께 더욱 순종해야 합니다."

마찬가지로 하나님보다도 자녀들이나 혈육들을 더 사랑하는 사람들은 자신들의 행위로 다수의 신이 존재한다는 것을 드러냅니다. 혹은 하나님보다 음식을 더 사랑하는 자들 역시 마찬가지입니다. 이들에 관하여 빌립보서 3장 19절에서 사도는 말합니다. "그들의 신은 배입니다."

Item omnes illi qui insistunt veneficiis et incantationibus, credunt Daemones esse deos: cuius ratio est, quia petunt a Daemonibus id quod solus Deus dare potest, scilicet revelationem alicuius rei occultae, et veritatem futurorum.

Est ergo primo credendum quod Deus est unus tantum.

19. Sicut dictum est, primum quod credere debemus, est quod sit unus solus Deus; secundum est quod iste Deus sit creator et factor caeli et terrae, visibilium et invisibilium.

Et ut rationes subtiles dimittantur ad praesens; quodam rudi exemplo manifestatur propositum, quod scilicet omnia sunt a Deo creata et facta.

Constat enim quod si aliquis intraret domum aliquam, et in ipsius domus introitu sentiret calorem, postmodum vadens interius sentiret maiorem calorem, et sic deinceps, crederet ignem esse interius, etiam si ipsum ignem non videret qui causaret dictos calores: sic quoque contingit consideranti res huius mundi. Nam ipse invenit res omnes secundum diversos gradus pulchritudinis et nobilitatis esse

또한 마술과 주술에 집착하는 모든 이들은 마귀들이 신이라고 믿습니다. 그 이유는 그들이 하나님만이 주실 수 있는 것, 즉 숨겨진 어떤 일에 대한 계시나 장래 일들의 진실을 마귀들에게 구하기 때문입니다.

그러므로 첫 번째로 믿어야 하는 것은 하나님은 오직 한 분이시라는 것입니다.

19. 이미 말했듯이 우리가 첫 번째로 믿어야 하는 것이 하나님은 오직 한 분이시라는 것이라면, 두 번째로 믿어야 하는 것은 그 하나님이 하늘과 땅의, 그리고 보이는 것들과 보이지 않는 것들의 창조자요 제작자라는 것입니다.

미묘한 근거는 당분간 내버려 두고, 간단한 예를 통해 모든 것이 하나님에 의해 창조되고 만들어졌다는 명제를 밝혀봅시다.

실상 어떤 사람이 어느 집에 들어가면서, 그 집 입구서부터 열을 감지하였으며 이어 안으로 깊이 들어갈수록 더 많은 열을 감지하고 그것이 계속 반복된다면, 그 사람은 집안에 불이 났다고 믿을 것임이 분명합니다. 비록 그가 방금 말한 열을 야기한 불 자체는 보지 못했더라도 말입니다. 이 세상의 일을 숙고하는 자에게도 이와 같은 일이 일어납니다. 왜냐하면 그는 모든 것이 아름다움과 고귀함의 다양한 단계에 따라 배열되어 있음을 발견하기 때문입니다. 그리고 그는 그것들이 하나님께 가까이 갈수록 더 아름답고 훌륭함을 발견합니다. 그러므로 천체들은 그보다 열등한 물체들보다 더 아름답고 더 고귀합니다. 보이지 않는 것들은 보이는 것들보다 더

dispositas; et quanto magis appropinquant Deo, tanto pulchriora et meliora invenit. Unde corpora caelestia pulchriora et nobiliora sunt quam corpora inferiora, et invisibilia visibilibus. Et ideo credendum est quod omnia haec sunt ab uno Deo, qui dat suum esse singulis rebus, et nobilitatem.

Sap. XIII, 1: vani sunt autem omnes homines in quibus non subest scientia Dei, et de his quae videntur bona, non potuerunt intelligere eum qui est, neque operibus attendentes, agnoverunt quis esset artifex; et infra, 5: a magnitudine enim speciei et creaturae cognoscibiliter poterit creator horum videri.

Sic ergo pro certo debet nobis constare quod omnia quae sunt in mundo, a Deo sunt.

20. Circa hoc autem debemus vitare tres errores.

Primus est error Manichaeorum, qui dicunt quod omnia visibilia creata sunt a Diabolo; et ideo Deo solum attribuunt creationem invisibilium. Et causa huius erroris est, quia ipsi Deum asserunt summum bonum, sicut et verum est, et omnia quae

아름답고 더 고귀합니다. 그러므로 이 모든 것들이 한 분 하나님에 의해 존재한다는 것을 믿어야 합니다. 하나님께서는 모든 사물들에게 그 존재와 고귀함을 주십니다.

지혜서 13장 1절 말씀입니다. "그 안에 하나님을 아는 지식이 없는 모든 사람들은 헛되다. 그들은 좋게 보이는 이것들에서 존재하시는 그분을 알아볼 수 없었다. 그리고 작품에는 주의를 기울이면서도 작가가 누구인지는 알아보지 못했다." 그리고 5절 말씀입니다. "종(種)과 피조물의 위대함으로부터 미루어보아 이 모든 것의 창조자를 인식할 수 있게 될 것이다."

그러므로 세상에 있는 모든 것들이 하나님에 의해 존재한다는 사실을 우리는 확실하게 견지해야 합니다

20. 그런데 이에 관하여 우리는 세 가지 오류를 피해야 합니다.

첫 번째 오류는 마니교도들의 오류입니다.[16] 그들은 눈에 보이는 것들은 모두 악마에 의해 창조되었다고 말합니다. 따라서 그들은 눈에 보이지 않는 것들의 창조만을 하나님께 귀속시킵니다. 이 오류의 원인은 다음과 같습니다. 그들은 실제로도 그렇듯이 하나님은 최고선이며, 선으로부터 존재하는 것들은 모두 선하다고 주장합니

---

16 마니교는 페르시아 사람 마니(Mani, 216-76/77)에게서 유래하며, 영지주의의 한 유형이다. 이것은 이원론적인 종교로서 "인간을 존재론적으로는 빛과 어두움의 불법적인 혼합의 산물로, 형이상학적으로는 선과 악, 신적인 영과 물질적 욕정의 갈등의 현장으로 이해하는 영지주의의 기본적인 인간 이해를 공유한다." E. Fahlbusch, et al.(ed.), tr. and G. W. Bromiley(English language editor), *The Encyclopedia of Christianity*, vol 3, Cambridge, Leiden, Boston: William B. Eerdmans Publishing Company, Brill, 2003, 394.

a bono sunt, bona esse: unde nescientes discernere quid sit malum et quid bonum, crediderunt quod omnia illa quae sunt aliqualiter mala, simpliciter essent mala; sicut ignis, quia urit, dicitur ab eis simpliciter malus; et aqua, quia suffocat; et sic de aliis. Unde, quia nihil istorum sensibilium est simpliciter bonum, sed aliqualiter malum et deficiens, dixerunt, quod visibilia omnia non sunt facta a Deo bono, sed a malo.

Contra hos ponit Augustinus tale exemplum. Si aliquis intraret domum fabri, et inveniret instrumenta ad quae impingeret, et laederent eum, et ex hoc reputaret illum fabrum malum, quia tenet talia instrumenta, stultus esset, cum faber ea teneat ad opus suum. Ita stultum est dicere, quod per hoc creaturae sint malae, quia sunt in aliquo nocivae; nam quod uni est nocivum, alteri est utile.

Hic autem error est contra fidem Ecclesiae; et ideo ad hunc removendum, dicitur: visibilium omnium et invisibilium Gen. I, 1: in principio creavit Deus caelum et terram. Ioan. I, 3: omnia per ipsum facta sunt.

다. 그러므로 그들은 무엇이 악이고 또 무엇이 선인지를 알지 못하기 때문에, 어떤 면에서 악한 모든 것들이 절대적으로 악하다고 믿었습니다. 예컨대 그들은 불은 태우기 때문에 불이 절대적으로 악하다고 말합니다. 또한 그들은 물이 질식시키기 때문에 그것은 절대적으로 악하다고 말합니다. 다른 것들에 관해서도 마찬가지입니다. 그러므로 이 감각적인 것들 중 아무것도 전적으로 선하지만은 않고 어떤 면에서는 악하고 부족하기 때문에, 그들은 보이는 모든 것들이 선한 신에 의해 만들어진 것이 아니라 악한 신에 의해 만들어졌다고 말했습니다.

이들(마니교도들)에 반대하여 아우구스티누스는 다음과 같은 예를 듭니다. 만약 어떤 사람이 목수의 집에 들어갔다가 거기서 부딪히고 그를 다치게 할 수 있는 도구들을 발견하고는 그러한 도구들을 가지고 있다는 이유로 그 목수를 악하다고 여긴다면, 그 사람은 어리석은 사람일 것입니다. 왜냐하면 그 목수는 자신의 작업을 위해 그것을 가지고 있는 것이기 때문입니다. 피조물들이 일정 부분 해롭다는 이유로 [그것을] 악하다고 말하는 것은 동일하게 어리석은 일입니다. 왜냐하면 어떤 사람에게는 해로운 것이 다른 사람에게는 유용하기 때문입니다.

그런데 이 마니교도들의 오류는 교회의 신앙과 반대되는 것입니다. 그러므로 이런 오류를 제거하기 위하여 창세기 1장 1절은 모든 보이는 것과 보이지 않는 것에 대해 [다음과 같이] 말씀합니다. "태초에 하나님이 하늘과 땅을 창조하셨다." 요한복음 1장 3절 말씀입니다. "모든 것들이 그를 통해 만들어졌다."

21. Secundus est error ponentium mundum ab aeterno: secundum quem modum loquitur Petrus dicens (II Petr. III, 4): ex quo patres dormierunt, omnia sic perseverant ab initio creaturae.

Et isti ducti sunt ad hanc positionem, quia nescierunt considerare principium mundi. Unde, sicut Rabbi Moyses dicit, istis contingit sicut puero, qui si statim cum nascitur, poneretur in insula, et nunquam videret mulierem praegnantem, nec puerum nasci; et diceretur isti puero, quando magnus esset, qualiter homo concipitur, portatur in utero, et nascitur; nulli crederet sibi dicenti, quia impossibile sibi videretur quod homo posset esse in utero matris. Sic isti considerantes statum mundi praesentem, non credunt quod inceperit.

21. 두 번째 오류는 세상이 영원하다고 주장하는 사람들의 오류입니다. 베드로는 이 방식에 따라 베드로후서 3장 4절에서 다음과 같이 인용합니다. "조상들이 잠들었던 때로부터 모든 것들이 피조물이 시작될 때와 같이 이렇게 보존되었다"

이 사람들은 세상의 기원을 생각할 줄 몰랐기 때문에 이런 상태로 이끌렸습니다. 그러므로 랍비 마이모니데스[17]가 말하는 것처럼, 이 사람들에게는 다음의 소년에게 일어나는 것과 같은 일이 일어납니다. 만약 어떤 소년이 태어나자마자 섬에 놓여져, 임신한 여자를 한 번도 보지 못하고, 아이가 태어나는 것도 본 적이 없는데, 그 소년이 성장했을 때 어떤 사람이 그에게 사람이 어떤 식으로 임신되어서 자궁 속에 간직되어 있다가 태어나게 되는지를 알려준다면, 그는 자신에게 그렇게 말하는 이가 누구든지 간에 믿지 못할 것입니다. 왜냐하면 사람이 어머니의 자궁 속에 있을 수 있다는 것이 그에게는 불가능한 것으로 보일 것이기 때문입니다.[18] 이와 같이 이 사람들은 세상의 현재 상태만 고려하면서, 세상이 시작되었다는 것을 믿지 않습니다.

---

17 마이모니데스(Maimonides, Moses, 1138-1204)는 스페인 코르도바에서 태어난 중세 유대 철학자이다. 그의 주저인 『중립적인 사람들 혹은 회의적인 사람들의 안내자』(Dux Neutrorum sive Dubiorum)에서 그는 이성과 신앙을 조화시키려는 시도를 했다. 다시 말해 그는 이 저작에서 유대교의 계시 자료와 아리스토텔레스가 제시한 인간 이성의 발견물을 종합하고자 했다. 이 작품은 중세 그리스도교 사상가들에게 깊은 영향을 미쳤는데, 특히 대 알베르투스와 토마스 아퀴나스에게 많은 영향을 주었다. F. L. Cross and E. A. Livingstone(ed.), The Oxford Dictionary of the Christian Church, Oxford University Press, 3rd edition revised, 2005, 1027.
18 Moses Maimonides, The Guide of the Perplexed II, 17, tr. with an Introduction and Notes by S. Pines, with an Introductory Essay by Leo Strauss, The University of Chicago Press, 1963, 295.

Est etiam hoc contra fidem Ecclesiae: et ideo ad hoc removendum dicitur: factorem caeli et terrae. Si enim fuerunt facta, constat quod non semper fuerunt; et ideo dicitur in Psal. CXLVIII, 5: dixit et facta sunt.

22. Tertius est error ponentium Deum fecisse mundum ex praeiacenti materia. Et ad hoc ducti sunt, quia voluerunt metiri potentiam Dei secundum potentiam nostram: et ideo, quia homo nihil potest facere nisi ex praeiacenti materia, crediderunt quod eodem modo et Deus: unde dixerunt, quod in productione rerum habuit materiam praeiacentem.

Sed hoc non est verum. Nam homo ideo nihil potest facere sine praeiacenti materia, quia est factor particularis, et non potest inducere nisi hanc formam in determinata materia ab aliquo alio praesupposita. Cuius ratio est, quia virtus sua est determinata ad formam tantum; et ideo non potest esse causa nisi huius. Deus autem est universalis causa omnium rerum, et non solum creat formam, sed etiam materiam; unde et de nihilo omnia fecit. Et ideo ad removendum hunc errorem dicitur: creatorem caeli et terrae.

이것도 역시 교회의 신앙과 반대되는 것입니다. 그러므로 이것을 제거하기 위하여 '하늘과 땅을 만드신 분'이라고 부르는 것입니다. 왜냐하면 만약 그것들이 만들어졌다면, 그것들이 항상 존재했던 것은 아님이 분명하기 때문입니다. 그러므로 시편 148편 5절에서 말씀하십니다. "그가 말씀하시자 그것들이 만들어졌다."

22. 세 번째 오류는 하나님이 선재하는 질료로부터 세상을 만드셨다고 주장하는 사람들의 오류입니다. 그들이 이런 오류로 이끌린 까닭은, 그들이 하나님의 능력을 우리의 능력에 맞춰 측정하고자 했기 때문입니다. 사람은 선재하는 질료를 통해서가 아니면 아무것도 만들 수 없기 때문에, 그들은 하나님도 동일한 방식으로 만드셨다고 믿었던 것입니다. 그러므로 그들은 하나님이 사물들을 만드실 때 이미 존재하고 있는 질료를 가지고 계셨다고 말했습니다.

그러나 이것은 참이 아닙니다. 왜냐하면 인간은 특수한 제작자라서 다른 사람이 미리 예비해둔 정해진 질료가 없이는 이러한 형상을 이끌어낼 수 없기 때문입니다. 그 이유는 인간의 힘은 단지 형상을 만드는 것에만 한정되어 있기 때문입니다. 그러므로 인간은 이 형상에 대한 원인 외에 다른 원인이 될 수 없습니다. 그러나 하나님은 만물의 보편적인 원인이십니다. 하나님은 형상뿐만 아니라 질료도 창조하십니다. 그러므로 하나님은 무로부터 모든 것을 만드셨습니다. 그러므로 이 세 번째 오류를 제거하기 위하여 하나님을 '하늘과 땅의 창조자(creator)'라고 일컫습니다.

In hoc enim differunt creare et facere, quia creare est de nihilo aliquid facere: facere autem est de aliquo aliquid facere. Si ergo ex nihilo fecit, credendum est quod iterum posset omnia facere, si destruerentur: unde potest caecum illuminare, mortuum suscitare, et cetera opera miraculosa facere. Sap. XII, 18: subest enim tibi, cum volueris, posse.

23. Ex huiusmodi autem consideratione homo dirigitur ad quinque.

Primo ad cognitionem divinae maiestatis. Nam factor praeeminet factis: unde quia Deus est factor omnium rerum, constat eum eminentiorem omnibus rebus. Sap. XIII, 3: quorum si specie delectati deos putaverunt, sciant quanto his dominator eorum speciosior est (…) ib. 4: aut si virtutem et opera eorum mirati sunt, intelligant ab illis quomodo qui haec fecit, fortior est illis. Et inde est quod quidquid potest intelligi vel cogitari, minus est ipso Deo. Iob XXXVI, 26: ecce Deus magnus, vincens scientiam nostram.

왜냐하면 창조한다는 것(creare)과 만든다는 것(facere)은 다음과 같은 차이가 있기 때문입니다. 창조한다는 것은 무로부터 어떤 것을 만드는 것입니다. 하지만 만든다는 것은 어떤 것으로부터 다른 어떤 것을 만드는 것입니다. 그러므로 만약 하나님께서 무로부터 만드셨다면, 모든 것들이 파괴된다 해도 하나님께서 그것들을 다시 만드실 수 있다는 것을 믿어야 합니다. 그러므로 하나님은 눈먼 사람을 보게 하실 수 있고, 죽은 사람을 일으키실 수 있으며, 그 밖의 다른 기적들을 행하실 수 있습니다. 지혜서 12장 18절 말씀입니다. "무엇이든 원한다면 할 수 있는 힘이 당신께 있습니다."

23. 그런데 사람은 이러한 생각에서부터 다섯 가지로 이끌립니다.
첫째로 하나님의 위대성에 대한 인식으로 인도됩니다. 왜냐하면 만드는 이는 만들어진 것들보다 더욱 뛰어나기 때문입니다. 따라서 하나님은 만물을 만드신 분이므로 만물보다 더욱 뛰어나시다는 것이 분명합니다. 지혜서 13장 3절 말씀입니다. "만약 그들이 그것들의 아름다움을 기뻐하면서 그것들을 신들이라고 생각했다면, 그것들의 주님은 그것들보다 얼마나 더 아름다운지를 그들은 알아야 한다." 4절 말씀입니다. "혹은 만약 그들이 그것들의 능력과 작용에 놀랐다면, 그것들로부터 그것들을 만드신 이가 그것들보다 얼마나 더 강하신지를 이해해야 한다." 그러므로 우리가 이해하거나 생각할 수 있는 것이 무엇이든지 간에 하나님 자신보다는 더 작은 것입니다. 욥기 36장 26절 말씀입니다. "보라! 하나님은 위대하셔서 우리의 지식을 능가하신다."

24. Secundo ex hoc dirigitur ad gratiarum actionem: quia enim Deus est creator omnium rerum, certum est quod quidquid sumus et quidquid habemus, a Deo est. Apostolus, I Cor. IV, 7: quid habes quod non accepisti? Psal. XXIII, 1: domini est terra et plenitudo eius, orbis terrarum, et universi qui habitant in eo. Et ideo debemus ei reddere gratiarum actiones: Psal. CXV, 12: quid retribuam domino pro omnibus quae retribuit mihi?

25. Tertio inducitur ad patientiam in adversis. Nam licet omnis creatura sit a Deo, et ex hoc sit bona secundum suam naturam; tamen si in aliquo noceat, et inferat nobis poenam, debemus credere quod illa poena sit a Deo; non tamen culpa: quia nullum malum est a Deo, nisi quod ordinatur ad bonum. Et ideo si omnis poena quam homo suffert est a Deo, debet patienter sustinere. Nam poenae purgant peccata, humiliant reos, provocant bonos ad amorem Dei. Iob II, 10: si bona suscepimus de manu domini, mala autem quare non sustineamus?

26. Quarto inducimur ad recte utendum rebus

24. 둘째로 이런 생각으로부터 감사를 하게끔 인도됩니다. 왜냐하면 하나님은 모든 것의 창조자이므로 우리가 누구든지, 우리가 가진 것이 무엇이든지, 모든 것이 하나님으로부터 온다는 것이 확실하기 때문입니다. 사도는 고린도전서 4장 7절에서 말합니다. "당신이 받지 않고 가진 것이 무엇입니까?" 시편 23[24]편 1절 말씀입니다. "땅과 거기 충만한 것, 지구와 그 안에 거주하는 모든 이가 주님의 것이다." 그러므로 우리는 그분께 감사를 돌려야 합니다. 시편 115[116]편 12절 말씀입니다. "주님께서 내게 주신 모든 것에 대해 나는 그분께 무엇으로 보답할까?"

25. 셋째로 역경 가운데 인내하도록 인도됩니다. 왜냐하면 모든 피조물이 하나님으로부터 나오기 때문에 그분의 본성을 따라 선하지만, 비록 어떤 면에서는 해롭고 또한 우리에게 벌을 가져올지라도 그 벌이 하나님으로부터 온 것이지 결함이 아니라는 것을 믿어야 하기 때문입니다. 왜냐하면 선을 위해 정해진 것이 아니라면 그 어떤 악도 하나님으로부터 온 것이 아니기 때문입니다. 따라서 만일 사람이 겪는 모든 벌이 하나님으로부터 온 것이라면 인내심을 갖고 견뎌내야 합니다. 왜냐하면 벌은 죄를 정화하고 죄인들을 겸손케 하며 선한 사람들에게 하나님에 대한 사랑을 불러일으키기 때문입니다. 욥기 2장 10절 말씀입니다. "만약 우리가 주님의 손으로부터 좋은 것들을 받았다면, 왜 악한 것들을 견디지 않겠습니까?"

26. 넷째로 우리는 피조물을 바르게 사용하도록 인도됩니다. 왜냐

creatis: nam creaturis debemus uti ad hoc ad quod factae sunt a Deo. Sunt autem factae ad duo: scilicet ad gloriam Dei, quia universa propter semetipsum (id est ad gloriam suam) operatus est dominus, ut dicitur Prov. XVI, 4, et ad utilitatem nostram: Deut. IV, 19: quae fecit dominus Deus tuus in ministerium cunctis gentibus. Debemus ergo uti rebus ad gloriam Dei, ut scilicet in hoc placeamus Deo; et ad utilitatem nostram, ut scilicet ipsis utendo, non committamus peccatum. I Paralip. XXIX, 14: tua sunt omnia, et quae de manu tua accepimus dedimus tibi. Quidquid ergo habes, sive scientiam, sive pulchritudinem, totum debes referre, et uti eo ad gloriam Dei.

27. Quinto ducimur ex hoc in cognitionem dignitatis humanae. Deus enim omnia facit propter hominem, sicut dicitur in Psal. VIII, 8: omnia subiecisti sub pedibus eius. Et homo magis est similis Deo inter creaturas post Angelos: unde dicitur Genes. I, 26: faciamus hominem ad imaginem et similitudinem nostram. Hoc quidem non dixit de caelo sive de

하면 우리는 피조물을 하나님께서 만드신 목적대로 사용해야 하기 때문입니다. 그런데 피조물은 두 가지 목적을 위해 만들어졌습니다. 우선 그것은 하나님의 영광을 위하여 만들어졌습니다. 왜냐하면 잠언 16장 4절 말씀대로 주님께서는 온 세상을 그분 자신을 위하여 (즉 그분의 영광을 위하여) 작동하셨기 때문입니다. 그리고 피조물은 우리의 유익을 위하여 만들어졌습니다. 신명기 4장 19절 말씀입니다. "주 너의 하나님께서 모든 족속에게 봉사하도록 그것들을 만들어주셨다." 그러므로 우리는 하나님의 영광을 위하여, 즉 하나님이 기뻐하시도록 사물들을 사용해야 합니다. 또한 우리의 유익을 위하여, 곧 그것을 이용함으로써 죄를 범하지 않도록 사용해야 합니다. 역대상 29장 14절 말씀입니다. "모든 것이 당신의 것이므로, 당신의 손으로부터 우리가 받은 것들을 당신께 드렸습니다." 그러므로 지식이든 아름다움이든 간에 그대가 가진 것은 무엇이든지 모두 돌려드려야 하며, 하나님의 영광을 위하여 사용해야 합니다.

27. 다섯째로 이런 생각으로부터 우리는 인간의 존엄성에 대한 인식으로 인도됩니다. 왜냐하면 하나님께서는 모든 것을 인간을 위하여 만드셨기 때문입니다. 시편 8편 8[6]절 말씀처럼 말입니다. "당신께서 모든 것들을 그의 발아래 두셨습니다."[19] 또한 사람은 피조물 중에서 천사들 다음으로 하나님을 가장 많이 닮았습니다. 그러므로 창세기 1장 26절에서 말씀하십니다. "우리의 형상과 모습대로

---

19 만물을 그의 발아래 두셨으니 -시편 8:6.

stellis, sed de homine. Non autem quantum ad corpus, sed quantum ad animam, quae est liberam voluntatem habens et incorruptibilis, in quo magis assimilatur Deo quam ceterae creaturae. Debemus ergo considerare hominem post Angelos digniorem esse ceteris creaturis, et nullo modo dignitatem nostram diminuere propter peccata et propter inordinatum appetitum rerum corporalium, quae viliores sunt nobis, et ad servitium nostrum factae; sed eo modo debemus nos habere quo Deus fecit nos. Deus enim fecit hominem ut praeesset omnibus quae sunt in terra, et ut subsit Deo. Debemus ergo dominari et praeesse rebus; Deo autem subesse, obedire, ac servire: et ex hoc perveniemus in fruitionem Dei: quod nobis praestare et cetera.

Articulus 2
Et in Iesum Christum, filium eius unicum, dominum nostrum

28. Non solum est necesse Christianis unum Deum credere, et hunc esse creatorem caeli et terrae et

사람을 만들자." 실로 이것은 하늘이나 별들에 관하여 말씀하신 것이 아니라 사람에 관하여 말씀하신 것입니다. 그런데 사람이 다른 피조물들보다도 더 많이 하나님을 닮은 것은 육체에 있어서가 아니라, 자유로운 의지를 가진 썩지 않는 영혼에 있어서입니다. 그러므로 우리는 천사를 제외하고는 사람이 모든 피조물 중에서 가장 존엄하다는 것을 생각해야 합니다. 또한 어떤 방식으로도 죄로 인해 혹은 물질에 대한 무질서한 탐욕으로 인해 우리의 존엄성을 약화시켜서는 안 됩니다. 물질은 우리보다 천한 것이며, 우리에게 봉사하도록 만들어진 것입니다. 우리는 하나님께서 우리 자신을 만드신 방식을 따라 행해야 합니다. 왜냐하면 하나님께서 인간을 만드신 목적은 [그가] 땅에 있는 모든 것을 다스리며 하나님 아래 있도록 하기 위함이었기 때문입니다. 그러므로 우리는 피조물을 지배하고 다스리되, 하나님 아래 있으며, 하나님께 순종하고, 하나님을 섬겨야 합니다. 이를 통해서 우리는 하나님을 향유하는 것에 도달할 것입니다.

2항.
"그리고 나는 그의 유일하신 아들,
우리 주 예수 그리스도를 믿습니다."

28. 그리스도인은 하나님이 한 분이심과 그분이 하늘과 땅과 만물의 창조자이심을 믿어야 할 뿐만 아니라, 또한 하나님은 아버지이

omnium; sed etiam necesse est ut credant quod Deus est pater, et quod Christus sit verus filius Dei.

Hoc autem, sicut dicit beatus Petrus in canonica sua II, cap. I, non est fabulosum, sed certum et probatum per verbum Dei in monte: unde dicit ibidem, XVI, 18: non enim doctas fabulas secuti, notam facimus vobis domini nostri Iesu Christi virtutem et praesentiam; sed speculatores facti illius magnitudinis. Accipiens enim a Deo patre honorem et gloriam, voce delapsa ad eum huiuscemodi a magnifica gloria: hic est filius meus dilectus, in quo mihi complacui: ipsum audite. Et hanc vocem nos audivimus de caelo allatam, cum essemus cum ipso in monte sancto.

Ipse etiam Christus Iesus in pluribus locis vocat Deum patrem suum, et se dicit filium Dei: et apostoli et sancti patres posuerunt inter articulos fidei quod Christus est filius Dei, dicentes: et in Iesum Christum filium eius, scilicet Dei. Supple, credo.

29. Sed aliqui haeretici fuerunt qui hoc perverse crediderunt.

시며 그리스도는 하나님의 참된 아들이심을 믿어야만 합니다.

베드로후서 1장에서 복되신 베드로가 말하는 것처럼 이는 신화적인 것이 아닙니다. 이것은 확실한 것으로 산 위에서 주신 하나님의 말씀을 통해 증명된 것입니다. 그러므로 베드로는 같은 서신의 1장 16-18절에서 말합니다. "우리는 유식한 신화를 따라 우리 주님 예수 그리스도의 능력과 임재를 여러분에게 알게 한 것이 아닙니다. 우리는 그분의 행위의 위대함을 목격한 사람들입니다. 장엄한 영광으로부터 그분을 향해 '이는 나의 사랑하는 아들, 내 마음에 드는 이다. 너희는 그의 말을 들어라'라는 음성이 내려왔을 때, 그분은 하나님 아버지로부터 영예와 영광을 받으셨습니다. 바로 우리가 그분과 함께 거룩한 산에 있었기 때문에 하늘로부터 난 이 목소리를 들었습니다."

또한 예수 그리스도께서도 친히 여러 곳에서 하나님을 자신의 아버지라고 부르시고, 또 자신을 하나님의 아들이라고 말씀하십니다. 사도들과 교부들도 "그의 아들 예수 그리스도, 즉 하나님의 아들을"이라고 말하면서, 그리스도께서 하나님의 아들이시라는 것을 신앙조항 가운데 포함시켰습니다. 위의 표현에 "나는 믿습니다"를 보충하십시오.

29. 하지만 이것을 그릇되게 믿은 어떤 이단들이 있었습니다. 포티누스(Photinus)[20]는 그리스도가 선한 사람들과 차이가 없는 방식으

---

20 포티누스(Photinus, 4세기)는 약 344년에 시르미움의 주교가 된 사람으로서 학식과 언변을 갖춘 사람으로 알려져 있다. 그의 저작은 남아 있지 않고 그의 주장은 비판가들에

Photinus enim dicit, quod Christus non est aliter filius Dei quam boni viri, qui bene vivendo merentur dici filii Dei per adoptionem, faciendo Dei voluntatem; et ita Christus qui bene vixit et fecit Dei voluntatem, meruit dici filius Dei: et voluit quod Christus non fuerit ante beatam virginem, sed tunc incepit quando ex ea conceptus est.

Et sic in duobus erravit. Primo in hoc quod non dixit eum verum filium Dei secundum naturam; secundo quod dixit, eum secundum totum suum esse ex tempore incepisse; cum fides nostra teneat quod filius sit Dei per naturam, et quod ab aeterno sit: et de his habemus expressas auctoritates contra eum in sacra Scriptura.

Nam contra primum dicitur, quod sit non filius solum, sed etiam unigenitus. Ioan. I, 18: unigenitus qui est in sinu patris, ipse enarravit. Contra secundum, Ioan. VIII, 58: antequam Abraham fieret, ego sum. Constat autem quod Abraham ante beatam

로 하나님의 아들이라고 말합니다. 선한 사람들은 하나님의 뜻을 행하며 훌륭한 인생을 삶으로써 하나님의 양자가 되어 그의 아들들이라고 불릴 만한 자격을 갖게 됩니다. 마찬가지로 훌륭한 인생을 살면서 하나님의 뜻을 행하신 그리스도께서도 하나님의 아들이라고 불릴 자격이 있었다는 것입니다. 그리고 그는 그리스도께서 복되신 동정녀 이전에는 계시지 않았고, 마리아에게 잉태되셨을 때부터 존재하기 시작하신 것이라고 말하고 싶어 했습니다.

따라서 그는 두 가지 점에서 오류를 범했습니다. 첫째로 그는 그리스도가 본성상 하나님의 참된 아들이 아니라고 말한 점에서 오류를 범했습니다. 둘째로 그는 그리스도가 그분의 전 존재에 있어서, 시간 안에서 존재하기 시작하셨다고 말한 점에서 오류를 범했습니다. 반면에 우리의 신앙은 그리스도께서 본성상 하나님의 아들이신 것과, 그가 영원히 계신다는 것을 견지합니다. 이와 관련하여 포티누스의 주장에 반하는 분명하고 권위 있는 근거를 성서에서 발견합니다.

첫 번째 오류에 맞서 그리스도는 단순히 아들이 아니라 독생자라고 일컬어집니다. 요한복음 1장 18절 말씀입니다. "아버지의 품 속에 계신 독생자께서 친히 말씀해주셨다." 두 번째 오류를 반박하는 요한복음 8장 58절 말씀입니다. "나는 아브라함이 나기 전부터 존재한다." 그런데 아브라함이 복되신 동정녀 이전에 이미 존재

의해 다양하게 묘사되었지만, 사벨리우스주의(다음 쪽의 각주 참고)의 한 형태인 것은 분명했다. 아우구스티누스에 따르면, 그는 그리스도의 선재를 부인했다. 그의 추종자들은 381년 콘스탄티노플 공의회에서 공식적으로 단죄되었다. *The Oxford Dictionary of the Christian Church*, 1292.

virginem fuit: et ideo sancti patres addiderunt in alio symbolo contra primum, filium Dei unigenitum; contra secundum, et ex patre natum ante omnia saecula.

30. Sabellius vero licet diceret quod Christus fuit ante beatam virginem, dixit tamen quod non est alia persona patris, alia filii, sed ipse pater est incarnatus; et ideo eadem est persona patris et filii. Sed hoc est erroneum, quia aufert Trinitatem personarum: et contra hoc est auctoritas Ioan. VIII, 16: solus non sum; sed ego, et qui misit me, pater. Constat autem nullum a se mitti. Sic ergo mentitur Sabellius: et ideo in symbolo patrum additur: Deum de Deo, lumen de

했다는 것은 분명합니다. 그러므로 교부들은 다른 신경(信經)[21]에서 첫 번째 오류에 반하여서는 하나님의 외아들이심을, 두 번째 오류에 반하여서는 모든 세대 전에 아버지로부터 나셨음을 덧붙였습니다.

30. 한편 사벨리우스(Sabellius)[22]는 그리스도께서 복되신 동정녀 이전에도 존재하셨다고 말하고는 있지만, 성부의 위격(persona)과 성자의 위격이 다른 것이 아니라 성부 자신이 성육신하셨으므로 성부와 성자의 위격이 동일하다고 말했습니다. 하지만 이것은 위격상에 있어서 셋이 일체를 이루는 삼위일체를 제거하는 것이기 때문에 잘못된 것입니다. 요한복음 8장 16절은 사벨리우스의 주장을 반박하는 권위입니다. "나는 홀로 있지 않다. 내가 있고, 나를 보내신 분 아버지가 계신다." 그런데 그 누구도 자기 자신에 의해서 보냄을 받을 수가 없다는 것은 분명합니다. 그러므로 사벨리우스는 거짓말을 한 것입니다. 이 때문에 교부들의 신경[23]에는 "하나님으로부터 나신 하나님을, 빛으로부터 나신 빛을 [우리는 믿습니다]"이 덧붙여집니다.

---

21 니케아-콘스탄티노플 신경을 지칭한다.
22 사벨리우스에 대해서는 거의 알려진 바가 없다. 그는 사벨리우스주의에 속하는 그의 동료 신학자들인 노이투스(Noetus)와 프락세아스(Praxeas)처럼 3세기의 로마 출신 신학자였을 것이다. 그의 이름에서 유래하는 사벨리우스주의는 단일신론(Monarchianism)가운데 하나인 양태론을 지칭한다. 단일신론은 하나님(Godhead)의 단일성을 보존하려는 2-3세기의 신학운동으로서 두 가지 형태가 있었다. 하나는 양자론으로서 예수는 단지 아버지의 힘과 영향이 그의 인격 안에 머물러 있다는 의미에서만 하나님이었다고 주장한다. 다른 하나는 양태론적 단일신론이다. 양태론자들은 하나님 안에서 유일한 차이는 단지 양태 혹은 작용이 승계되는 것이라고 주장한다. *The Oxford Dictionary of the Christian Church*, 1108, 1444.
23 니케아-콘스탄디노플 신경을 지칭한다.

lumine; idest, Deum filium de Deo patre, et filium qui est lumen, de lumine patre esse, credere debemus.

31. Arius autem licet diceret quod Christus fuerit ante beatam virginem, et quod alia fuerit persona patris, alia filii, tamen tria attribuit Christo. Primum est quod filius Dei fuit creatura; secundum est quod non ab aeterno, sed ex tempore factus sit a Deo nobilissima creaturarum; tertium est quod non fuerit unius naturae Deus filius cum Deo patre, et sic quod non fuerit verus Deus.

Sed hoc similiter est erroneum, et contra auctoritates sacrae Scripturae. Dicitur enim Ioan. X, 30: ego et pater unum sumus, scilicet in natura; et ideo sicut pater fuit semper, ita et filius; et sicut pater est verus Deus, ita et filius. Ubi ergo dicitur ab Ario, Christum fuisse creaturam, e contra dicitur in symbolo a patribus, Deum verum de Deo vero; ubi autem dicitur eum non fuisse ab aeterno, sed ex tempore, e contra in symbolo dicitur, genitum, non

다시 말해서 우리는 성부 하나님으로부터 나신 성자 하나님을, 그리고 빛이신 성부로부터 나신 빛이신 성자를 믿어야 하는 것입니다.

31. 그런데 아리우스(Arius)[24]는 그리스도께서 복되신 동정녀 이전에 계셨다는 것과 성부의 위격과 성자의 위격이 서로 다르다는 것을 말하기는 했지만, 그리스도에 대해 다음 세 가지를 주장했습니다. 첫째는 하나님의 아들이 피조물이었다는 것입니다. 둘째는 (그가) 영원히 계신 것이 아니라, 어떤 시점에 하나님에 의해 피조물 가운데 가장 고귀한 피조물로 만들어졌다는 것입니다. 셋째는 성자 하나님은 성부 하나님과 한 본질에 속한 것이 아니었으며 따라서 참 하나님이 아니었다는 것입니다.

그러나 이것도 마찬가지로 잘못된 것이며 성경의 권위에 위배되는 것입니다. 요한복음 10장 30절에서 말씀하십니다. "나와 아버지는 하나이다." 즉 [성부와 성자는] 본질에 있어서 동일합니다. 따라서 성부께서 항상 계셨듯이 성자 또한 그러하며, 성부께서 참 하나님이시듯이 성자 또한 그러합니다. 그러므로 아리우스가 그리스도께서 피조물이었다고 말할 때, 이와는 반대로 교부들로부터 나온 신경에서는 "참 하나님으로부터 나신 참 하나님을 [나는 믿는다]"이라고 말합니다. 그리스도가 영원히 계신 분이 아니라 어떤 시점부터 계셨다고 말할 때, 이에 반대하여 신경에서는 '피조

---

24 아리우스(Arius, †336)는 알렉산드리아 사제로서 그리스도가 가장 고귀한 피조물이라고 주장하면서 그리스도의 신성을 부인했다. 그는 325년 니케아 공의회에서 이단으로 단죄되었다.

factum; contra illud vero quod dicitur eum non esse eiusdem substantiae cum patre, additur in symbolo, consubstantialem patri.

32. Patet ergo quod credere debemus, quod Christus unigenitus Dei est, et vere filius Dei, et quod semper fuerit cum patre, et quod alia est persona filii, alia patris, et quod unius est naturae cum patre. Sed hoc credimus hic per fidem, cognoscemus autem in vita aeterna per perfectam visionem. Et ideo ad consolationem nostram dicemus aliquid de his.

33. Sciendum est igitur, quod diversa diversum modum generationis habent. Generatio autem Dei alia est quam generatio aliarum rerum: unde non possumus attingere ad generationem Dei, nisi per generationem eius quod in creaturis magis accedit ad similitudinem Dei. Nihil est autem Deo ita simile sicut anima hominis, ut dictum est. Modus autem generationis in anima est quia homo cogitat per animam suam aliquid, quod vocatur conceptio

된'(factum)이 아니라 '출생된'(genitum)이라고 말합니다. 그리스도는 성부와 동일본질에 속한 것이 아니라고 말한 것에 반대해서, 신경에서는 "성부와 동일본질이심"(consubstantialem patri)을 덧붙입니다.

32. 그러므로 그리스도께서 하나님의 독생자이시고 참으로 하나님의 아들이시라는 것, 그분은 항상 성부와 함께 계셨으며 성자의 위격과 성부의 위격이 서로 다르다는 것, 그리고 성자는 성부와 동일한 본질에 속하신다는 것을 우리가 믿어야만 한다는 것은 분명합니다. 우리는 이것을 이곳에서는 믿음을 통해 믿지만, 영원한 생명을 누릴 때는 완전하게 봄으로써 인식할 것입니다. 그러므로 우리는 우리 자신의 위로를[25] 위하여 이러한 것들에 대해 조금 말하겠습니다.

33. 요컨대 각각의 것들은 다양한 출생 방식을 가지고 있음을 알아야 합니다. 그런데 하나님의 출생은 다른 것들의 출생과는 다릅니다. 그러므로 우리는 피조물 가운데서 하나님과 가장 닮은 것의 출생을 통해서가 아니면 하나님의 출생에 접근할 수 없습니다. 그런데 이미 말한 것처럼, 인간의 영혼만큼 하나님과 밀접하게 닮은 것은 아무것도 없습니다. 그런데 영혼으로부터의 출생 방식은 인간이 자신의 영혼을 통해 어떤 것을 생각하는 것입니다. 이것은 지성의 잉태(conceptio)[26]라고 일컬어집니다. 그리고 이러한 잉태는 아버지

---

25 문맥상의 의미로 볼 때, 여기 사용된 라틴어 consolationem 보다 consolidationem 이 더 부합되어 보인다. 그 경우, 의미는 "우리의 [믿음의] 강화를 위하여"가 된다.
26 conceptio는 본래 자궁 안에서 무언가가 생성되는 것, 즉 잉태를 의미한다. 이와 유

intellectus; et huiusmodi conceptio oritur ex anima, sicut ex patre, et vocatur verbum intellectus, sive hominis. Anima igitur cogitando generat verbum suum.

Sic et filius Dei nihil est aliud quam verbum Dei; non sicut verbum exterius prolatum, quia illud transit, sed sicut verbum interius conceptum: et ideo ipsum verbum Dei est unius naturae cum Deo, et aequale Deo. Unde et beatus Ioannes de verbo Dei loquens, tres haereses destruxit. Primo haeresim Photini, quae tacta est, cum dicit: in principio erat verbum; secundo Sabellii, cum dicit, et verbum erat apud Deum; tertio Arii, cum dicit, et Deus erat verbum.

34. Verbum autem aliter est in nobis, et aliter in Deo. In nobis enim verbum nostrum est accidens; sed in Deo verbum Dei est idem quod ipse Deus, cum nihil sit in Deo quod non sit essentia Dei. Nullus autem potest dicere quod Deus non habeat verbum, quia

에게서 출생하는 것처럼 영혼으로부터 발생하며, 이것은 지성의 말 (verbum) 혹은 인간의 말이라고 일컬어집니다. 그러므로 영혼은 생각을 통해서 자신의 말을 낳습니다.

이와 같이 하나님의 아들도 하나님의 말씀 외의 다른 것이 아니지만, 밖으로 발화된 말과 동일하지는 않습니다. 그러한 말은 지나가 버리기 때문입니다. 하나님의 아들은 내적으로 잉태된 말과 같습니다. 그러므로 하나님의 말씀 자체가 하나님과 동일한 본질에 속하며 또 하나님과 동등합니다. 그러므로 복되신 사도 요한도 하나님의 말씀에 관해 말하면서 세 가지 이단을 배격했습니다. 첫째로 "태초에 말씀이 계셨다"라고 말할 때, 그는 이미 다루어진 포티누스의 이단을 배격했습니다. 둘째로 "그리고 말씀은 하나님 곁에 계셨다"라고 말할 때, 사벨리우스의 이단을 배격했습니다. 셋째로 "그리고 말씀은 하나님이셨다"라고 말할 때, 아리우스의 이단을 배격했습니다.

34. 그런데 말은 우리와 하나님 안에서 서로 다른 방식으로 존재합니다. 우리의 말은 우리 안에서 때때로 발생하는 것이지만, 하나님의 말씀은 하나님 안에서 하나님 자신과 동일한 것입니다. 왜냐하면 하나님 안에는 하나님의 본질 외에는 그 어떤 것도 존재하지 않기 때문입니다. 그리고 아무도 하나님이 말씀을 갖고 있지 않다고 말할 수 없습니다. 그것은 하나님이 가장 어리석은 분이라는 것과

비적으로 conceptio는 우리 지성이 사물을 인식할 때 지성의 말과 인식된 사물 사이에 유사성이 발견되는 것, 즉 '개념'이라는 의미로 사용된다. Thomas Lexikon (http://www.corpusthomisticum.org/tlc.html#conceptio)을 참고하라.

contingeret Deum esse insipientissimum: et ideo sicut fuit semper Deus, ita et verbum eius.

35. Sicut autem artifex facit omnia per formam quam praecogitavit in corde suo, quod est verbum eius; ita et Deus omnia facit verbo suo, sicut per artem suam. Ioan. I, 3: omnia per ipsum facta sunt.

36. Si ergo verbum Dei est filius Dei, et omnia Dei verba sunt similitudo quaedam istius verbi; debemus primo libenter audire verba Dei: hoc est enim signum quod diligamus Deum, si verba illius libenter audimus.

Secundo debemus credere verbis Dei, quia ex hoc verbum Dei habitat in nobis, idest Christus, qui est verbum Dei, apostolus, Ephes. III, 17: habitare Christum per fidem in cordibus vestris. Ioan. V, 38: verbum Dei non habetis in vobis manens.

똑같은 말일 것이기 때문입니다. 그러므로 하나님께서 항상 계셨듯이 하나님의 말씀도 그러하셨습니다.

35. 마치 장인(匠人)이 자신의 마음속으로 미리 생각한 형상—그것은 그의 말이다—을 통해 모든 것들을 만들듯이 하나님께서도 자신의 기예(ars)[27]와 같은 것인 자신의 말씀으로써 모든 것들을 만드십니다. 요한복음 1장 3절 말씀입니다. "모든 것이 그분을 통해 만들어졌다."

36. 그러므로 만일 하나님의 말씀이 하나님의 아들이시며, 어떤 의미에서는 하나님의 모든 말씀들이 그 말씀과 닮은 것이라면, 첫째로 우리는 기꺼이 하나님의 말씀을 들어야 합니다. 왜냐하면 우리가 기꺼이 하나님의 말씀을 듣는다면, 그것이야말로 하나님을 사랑한다는 표시이기 때문입니다.

둘째로 우리는 하나님의 말씀을 믿어야 합니다. 왜냐하면 이로써 하나님의 말씀, 곧 하나님의 말씀이신 그리스도께서 우리 안에 거하시기 때문입니다. 사도는 에베소서 3장 17절에서 말합니다. "믿음을 통해서 여러분의 마음속에 그리스도를 소유하기를." 요한복음 5장 38절 말씀입니다. "너희는 너희 안에 거하시는 하나님의 말씀을 가지고 있지 않다."

---

27 기예로 번역된 라틴어 ars는 그리스어 techne를 번역한 단어다. 기예(ars)는 참된 이성을 동반해서 무엇인가를 제작할 수 있는 일종의 품성상태이며, 기예없음(atechnia)은 거짓된 이성을 동반한 제작과 관련된 품성상태다. 아리스토텔레스, 『니코마코스 윤리학』, 1140a1-1140a23.

Tertio oportet quod verbum Dei in nobis manens continue meditemur; quia non solum oportet credere, sed meditari; aliter non prodesset; et huiusmodi meditatio valet multum contra peccatum. Psal. CXVIII, 11: in corde meo abscondi eloquia tua, ut non peccem tibi; et iterum de viro iusto dicitur Psal. I, 2: in lege eius meditabitur die ac nocte. Unde de beata virgine dicitur Luc. II, 51, quod conservabat omnia verba haec conferens in corde suo.

Quarto oportet quod homo verbum Dei communicet aliis, commonendo, praedicando, et inflammando. Apostolus, Ephes. IV, 29: omnis sermo malus ex ore vestro non procedat, sed si quis bonus ad aedificationem. Idem, Colos. III, 16: verbum Christi habitet in vobis abundanter, in omni sapientia, docentes et commonentes vosmetipsos. Idem, I Tim. IV, 2: praedica verbum, insta opportune, importune, argue, obsecra, increpa in omni patientia et doctrina.

Ultimo verbum Dei debet executioni mandari. Iac. I, 22: estote factores verbi, et non auditores tantum, fallentes vosmetipsos.

셋째로 우리는 우리 안에 거하시는 하나님의 말씀을 끊임없이 묵상해야 합니다. 왜냐하면 [하나님의 말씀을] 단순히 믿어야 할 뿐만 아니라 묵상해야 하기 때문입니다. 그렇지 않으면 유익이 없을 것입니다. 이러한 묵상은 죄와 싸우는 데 매우 큰 힘이 됩니다. 시편 118[119]편 11절 말씀입니다. "나는 당신께 범죄하지 않기 위하여 내 마음속에 당신의 말씀을 숨겨두었습니다." 또한 의인에 관하여 시편 1편 2절에서 이렇게 말씀하십니다. "그는 밤낮으로 그분의 율법을 묵상할 것이다." 그러므로 복되신 동정녀에 관하여 누가복음 2장 51절에서 말씀합니다. "그녀는 이 모든 말들을 자신의 마음속에 간직하였다."

넷째로 사람은 하나님의 말씀을 상기시켜주고, 설교하고, 자극을 줌으로써 [그것을] 다른 사람들과 함께 나눠야 합니다. 사도는 에베소서 4장 29절에서 말합니다. "여러분의 입에서 어떤 악한 말도 나오게 하지 말고, 세워주기 위해 무슨 선한 말이 있거든 말하십시오." 또한 골로새서 3장 16절에서도 말합니다. "그리스도의 말씀이 여러분 안에 풍성히 거하게 하십시오. 모든 지혜로 서로 가르치고, 서로 상기시켜주십시오." 또한 디모데후서 4장 2절에서도 말합니다. "너는 말씀을 선포하라. 기회가 적절할 때나 부적절할 때나 꾸준히 하라. 모든 인내와 가르침으로 논증하고, 간청하고, 책망하라."

마지막으로 하나님의 말씀을 실행해야 합니다. 야고보서 1장 22절 말씀입니다. "여러분은 말씀을 행하는 사람이 되십시오. 단지 듣기만 하여 여러분 자신을 속이는 사람이 되지 마십시오."

37. Ista quinque servavit per ordinem beata Maria in generatione verbi Dei ex se. Primo enim audivit: spiritus sanctus superveniet in te, Luc. II, 35, secundo consensit per fidem: ecce ancilla domini, ibid. 38, tertio tenuit et portavit in utero, quarto protulit et peperit eum, quinto nutrivit et lactavit eum; unde Ecclesia cantat: ipsum regem Angelorum sola virgo lactabat ubere de caelo pleno.

Articulus 3
Qui conceptus est de spiritu sancto, natus ex Maria virgine

38. Non solum est necessarium credere Christiano filium Dei, ut ostensum est; sed etiam oportet credere incarnationem eius. Et ideo beatus Ioannes postquam dixerat multa subtilia et ardua, consequenter insinuat nobis eius incarnationem, cum dicit: et verbum caro factum est.

Et ut de hoc aliquid capere possimus, duo exempla

37. 복되신 마리아는 자신을 통해 하나님의 말씀이 출생하실 때 이 다섯 가지를 차례대로 지켰습니다. 첫째로 마리아는 말씀을 들었습니다. 누가복음 1장 35절입니다. "성령이 네게 임하실 것이다." 둘째로 그녀는 믿음으로 동의했습니다. 38절입니다. "보소서. 주님의 여종입니다." 셋째로 자신의 태 안에 [말씀을] 간직하여 품고 있었습니다. 넷째로 말씀을 출산하고 낳았습니다. 다섯째로 말씀을 양육하고 젖을 먹였습니다. 그러므로 교회는 이렇게 노래합니다. "오직 동정녀가 충만한 하늘로부터 오는 젖으로 천사들의 왕에게 젖을 먹이셨네."[28]

3항.
"그는 성령으로 잉태되어
동정녀 마리아에게서 나시고"

38. 이미 밝힌 바와 같이 그리스도인은 하나님의 아들을 믿어야 합니다. 또한 그가 성육신하셨음을 믿어야 합니다. 그러므로 복되신 사도 요한은 많은 미묘하고 어려운 것들을 말한 후에 계속해서 그분의 성육신을 우리에게 알려줍니다. 요한은 다음과 같이 말합니다. "그리고 말씀이 육신이 되셨다."[29]

이와 관련하여 우리가 무엇인가 파악할 수 있도록 저는 두 가지

---

28 이 성가는 노미니그 수도회 성무일도에서 인용된 것이다.
29 요한복음 1장 14절.

ponam in medium. Constat quod filio Dei nihil est ita simile sicut verbum in corde nostro conceptum, non prolatum. Nullus autem cognoscit verbum dum est in corde hominis, nisi ille qui concipit; sed tunc primo cognoscitur cum profertur. Sic verbum Dei dum erat in corde patris non cognoscebatur nisi a patre tantum: sed carne indutum, sicut verbum voce, tunc primo manifestatum et cognitum est. Bar. III, 38: post hoc in terris visus est, et cum hominibus conversatus est.

Aliud exemplum est, quia licet verbum prolatum cognoscatur per auditum, tamen non videtur nec tangitur; sed cum scribitur in charta, tunc videtur et tangitur. Sic et verbum Dei et visibile et tangibile factum est, cum in carne nostra fuit quasi scriptum: et sicut charta in qua verbum regis scriptum est, dicitur verbum regis; ita homo cui coniunctum est verbum Dei in una hypostasi, dicitur filius Dei. Isai. VIII, 1: sume tibi librum grandem, et scribe in eo stylo hominis; et ideo sancti apostoli dixerunt: qui conceptus est de spiritu sancto, natus ex Maria virgine.

예를 중간에 들겠습니다. 우리의 마음속에 품고 있지만 아직 밖으로 발설되지 않은 말보다 하나님의 아들과 비슷한 것은 아무것도 없다는 것은 명백합니다. 그런데 말이 사람의 마음 안에 있는 동안에는 그것을 품고 있는 사람 외에는 누구도 그것을 인식하지 못합니다. 그러나 말이 [입 밖으로] 발설되는 순간 비로소 인식됩니다. 이와 같이 하나님의 말씀도 성부의 마음속에 계셨을 때에는 성부 하나님 외에는 그 누구도 인식하지 못했습니다. 그러나 말이 목소리를 입듯이 말씀이 육신을 입자, 그제야 비로소 드러나서 사람들에게 인식되었습니다. 바룩 3장 38절 말씀입니다. "이후에 그가 땅에서 보이셨고 사람들과 함께 교제하셨다."

또 다른 예는 발설된 말을 듣고 인식한다 해도 그것을 보거나 만질 수는 없다는 것입니다. 그러나 말을 종이에 기록하면 그것을 보거나 만질 수 있게 됩니다. 이와 같이 하나님의 말씀도 우리 육신에 쓰인 것과 같아졌을 때 [비로소] 볼 수 있고 만질 수 있게 되셨습니다. 그리고 왕의 말이 적힌 종이를 왕의 말씀(verbum)이라고 부르듯이, 한 위격(hypostasis) 안에서 하나님의 말씀과 연합된 사람 역시 하나님의 아들이라고 일컬어집니다. 이사야 8장 1절 말씀입니다. "너는 큰 책을 가져다가 거기에 인간의 필체로 기록해라." 그러므로 거룩한 사도들도 말했습니다. "그는 성령으로 잉태되어 동정녀 마리아에게서 나셨다."

39. In quo quidem multi erraverunt: unde et sancti patres in alio symbolo, in synodo Nicaena, multa addiderunt, per quae nunc omnes errores destruuntur.

Origenes enim dixit, quod Christus est natus, et etiam venit in mundum, ut etiam salvaret Daemones: unde dixit Daemones omnes esse salvandos in fine mundi. Sed hoc est contra sacram Scripturam. Dicit enim Matth. XXV, 41: discedite a me maledicti in ignem aeternum, qui paratus est Diabolo et Angelis eius. Et ideo ad hoc removendum additur: qui propter nos homines (non propter Daemones) et propter nostram salutem. In quo quidem magis apparet amor Dei ad nos.

40. Photinus vero voluit quod Christus natus esset de beata virgine; sed addidit quod esset purus homo, qui bene vivendo et faciendo voluntatem Dei, meruit filius Dei fieri, sicut et alii sancti: contra quod dicitur Ioan. VI, 38: descendi de caelo, non ut faciam voluntatem meam, sed voluntatem eius qui misit me. Constat autem quod non descendisset nisi ibi fuisset; et si

39. 그런데 이 점에 있어서 실로 많은 사람들이 오류를 범했습니다. 그 때문에 교부들도 다른 신경, 즉 니케아 공의회의 신경에서 많은 사항들을 추가했으며, 이를 통해 지금은 모든 오류가 소멸되었습니다.

오리게네스는 이렇게 말했습니다. "그리스도가 태어나셨으며 심지어 마귀들까지도 구원하시려고 세상에 오셨다. 그러므로 종말에 모든 마귀들도 구원을 받아야 한다."[30] 하지만 이는 성경에 위배되는 것입니다. 마태복음 25장 41절에서 말씀합니다. "저주받은 자들아, 나에게서 떠나 악마와 그의 사자들을 위해 예비된 영원한 불로 들어가라." 그러므로 이 오류를 배격하기 위해서 "우리 사람들을 위해(마귀들을 위해서가 아니라), 그리고 우리를 구원하시기 위해"라는 말이 덧붙여져 있습니다. 이 안에는 실로 우리를 향하신 하나님의 사랑이 더 많이 나타납니다.

40. 한편 포티누스는 그리스도가 복되신 동정녀에게서 태어나셨다는 사실에는 동의했지만, 그리스도가 다른 거룩한 사람들과 마찬가지로 훌륭하게 살며 하나님의 뜻을 행함으로써 하나님의 아들이 될 자격을 얻은, 순전한 인간일 뿐이라고 덧붙였습니다. 이에 반대하여 요한복음 6장 38절에서 말씀합니다. "나는 나의 뜻을 행하기 위해서가 아니라 나를 보내신 이의 뜻을 행하기 위해서 하늘로부터 내려왔다." 그런데 그분이 [본래] 거기 계셨던 것이 아니라면 거기서 내려

---

30 오리게네스(c. 185-c. 254)는 알렉산드리아의 성서 주석가였다.

fuisset purus homo, non fuisset in caelo: et ideo ad hoc removendum additur: descendit de caelis.

41. Manichaeus vero dixit, quod, licet filius Dei fuerit semper, et descenderit de caelo, tamen non habuit veram carnem, sed apparentem. Sed hoc est falsum: non enim decebat doctorem veritatis aliquam falsitatem habere: et ideo sicut ostendit veram carnem, sic habuit. Unde dixit, Luc. XXIV, 39: palpate, et videte, quia spiritus carnem et ossa non habet, sicut me videtis habere. Et ideo ad hoc removendum addiderunt: et incarnatus est.

42. Ebion vero, qui fuit genere Iudaeus, dixit

오실 수 없었다는 것은 분명합니다. 또한 그분이 순전한 인간이기만 하셨다면 하늘에 계시지 않았을 것입니다. 그러므로 이 오류를 배격하기 위해서 "그는 하늘에서 내려오셨다"가 덧붙여져 있습니다.

41. 다른 한편 마니는 그리스도가 항상 하나님의 아들이셨으며 하늘에서 내려오시긴 했지만 참된 육신을 가진 것이 아니라 외견상으로만 육신을 취한 것이라고 말했습니다. 하지만 이것은 잘못된 것입니다. 왜냐하면 진리를 가르치는 스승이 거짓된 어떤 것을 가지고 있다는 것은 부적절했기 때문입니다. 그러므로 그리스도는 참된 육신을 나타내신 것처럼 또한 참된 육신을 가지고 계셨습니다. 그러므로 누가복음 24장 39절에서 말씀하셨습니다. "나를 만지고 그리고 보아라. 영은 살과 뼈를 가지고 있지 않지만, 너희가 보는 대로 나는 살과 뼈를 가지고 있다." 그러므로 이 오류를 배격하기 위해 그들(교부들)은 "또한 그는 육신이 되셨다"를 덧붙였습니다.

42. 그런가 하면 유대인 출신이었던 에비온[31]은 그리스도가 복되신

---

31 에비온은 테르툴리아누스(*De Praescr.*, xxxiii; *De Carne Chr.*, xiv, 18), 히폴리투스와 에피파누스(*Haeres.*, xxx) 등이 에비온파의 창설자로 추정했던 인물이다. 현대 학자 가운데 힐겐펠트(Hilgenfeld)도 히에로니무스의 갈라디아서 주석의 구절(*Comm. in Gal.*, iii, 14)을 주된 근거로 해서 에비온이 역사적 실존 인물이라고 주장했다. 하지만 다른 많은 현대 학자들은 이 에비온은 히브리어의 '가난한 사람'을 의미하는 אביון(ebyon)에서 나온 것으로 본다. 에비온파는 그리스도교 초기 1-2세기에 요단강 주변에서 생긴 유대적 기독교 분파이다. 이 분파는 모세 율법의 법적 구속력을 강조했고, 금욕적 생활양식을 엄격하게 채택했다. 그들은 그리스도의 신성과 동정녀 탄생을 부인하고 그리스도를 단지 요셉과 마리아의 아들이라고 보았다. http://www.newadvent.org/cathen/05242c.htm; E. Fahlbusch, et al.(ed.), tr. and G. W. Bromiley(English language editor),

quod Christus natus est de beata virgine, sed ex commixtione viri, et ex virili semine. Sed hoc est falsum, quia Angelus dixit, Matth. I, 20: quod enim in ea natum est de spiritu sancto est; et ideo sancti patres ad hoc removendum addiderunt: de spiritu sancto.

43. Valentinus autem licet confiteretur quod Christus conceptus fuerit de spiritu sancto, voluit tamen quod spiritus sanctus portaverit unum corpus caeleste, et posuerit in beata virgine, et hoc fuit corpus Christi: unde nihil aliud operata est beata virgo, nisi quod fuit locus eius: unde dixit quod illud corpus transivit

동정녀에게서 나셨지만 남성과의 결합을 통해, 즉 남성의 정자를 통해서 나셨다고 말했습니다. 하지만 이것은 잘못된 주장입니다. 마태복음 1장 20절에서 천사가 다음과 같이 말하고 있기 때문입니다. "그녀의 태중에 난 아기는 성령으로부터 말미암은 것이다." 그러므로 이 오류를 배격하기 위해 교부들은 "성령으로부터"를 덧붙였습니다.

43. 한편 발렌티누스[32]는 그리스도가 성령으로 잉태되셨음을 고백하기는 했지만, 성령께서 천상의 육체 하나를 가지고 오셔서 동정녀 마리아 안에 두셨으며 이것이 그리스도의 몸이었다고 주장했습니다. 그러므로 동정녀 마리아는 그리스도의 자리가 되어 준 것 외에는 아무것도 한 것이 없게 됩니다. 따라서 발렌티누스는 그리스도의 몸이, 마치 수로를 통해 흐르듯이 동정녀 마리아를 통과하셨

The Encyclopedia of Christianity, vol 3, Cambridge, Leiden, Boston: William B. Eerdmans Publishing Company, Brill, 2003, 526.

32 발렌티누스는 영지주의 지도자로서 2세기 로마에 널리 퍼져 있던 영지주의 종파의 창설자이다. 영지주의(Gnosticism)는 지식을 의미하는 그리스어 'γνῶσις'(그노시스)에서 파생된 것으로 2세기에 기독교적 형태로 대두된 복합적인 종교운동을 지칭한다. 다시 말해 그 기원은 이미 유대교 혹은 이교 집단으로 거슬러 올라간다. 기독교 영지주의에는 여러 형태가 있었는데, 발렌티누스, 바실리데스, 마르키온 등에 의해 주장된 형태들이 있었다. 영지주의 가르침의 특징은 세상을 창조한 불완전한 신인 데미우르고스와 초월적이고 인식될 수 없는 최고의 신적 존재의 구분에 있다. 영지주의는 인간이 그노시스(지식)를 통해 악한 물질적 환경에서 구출될 수 있다고 주장한다. 영지주의 가운데 가장 이원론적인 형태인 마르키온주의에 따르면 구원은 선한 신에 대한 지식을 소유하고 악한 물질세계를 창조한 데미우르고스를 거부하는 데 있다. E. Fahlbusch, et al.(ed.), tr. and G. W. Bromiley(English language editor), *The Encyclopedia of Christianity*, vol 3, Cambridge, Leiden, Boston: William B. Eerdmans Publishing Company, Brill, 2003, 687f.

per beatam virginem sicut per aquaeductum. Sed hoc est falsum; nam Angelus dixit ei, Luc. I, 35: quod enim ex te nascetur sanctum, vocabitur filius Dei; et apostolus, Galat. IV, 4: at ubi venit plenitudo temporis, misit Deus filium suum factum ex muliere. Et ideo addiderunt: natus ex Maria virgine.

44. Arius vero et Apollinarius dixerunt, quod, licet Christus fuerit verbum Dei, et natus ex Maria virgine, tamen non habuit animam, sed loco animae fuit ibi divinitas. Sed hoc est contra Scripturam; quia Christus dixit, Ioan. XII, 27: nunc anima mea turbata est; et iterum Matth. XXVI, 38: tristis est anima mea usque ad mortem. Et ideo sancti patres ad hoc removendum addiderunt: et homo factus est. Homo enim ex anima et corpore consistit: unde verissime habuit omnia quae homo habere potest praeter peccatum.

다고 말했습니다. 그렇지만 이것은 잘못된 것입니다. 누가복음 1장 35절에서 천사가 마리아에게 말합니다. "네게서 태어날 거룩한 이는 하나님의 아들이라 일컬어질 것이다." 또한 사도는 갈라디아서 4장 4절에서 말합니다. "그러나 때가 찼을 때 하나님께서 자신의 아들을 여자에게서 형성되게 하여 보내셨습니다." 그러므로 그들(교부들)은 "동정녀 마리아에게서 나시고"를 덧붙였습니다.

44. 아리우스와 아폴리나리우스[33]는 그리스도가 하나님의 말씀으로서 동정녀 마리아에게서 나셨으나 영혼을 가지신 것은 아니라 영혼의 자리에 신성이 있었다고 말했습니다. 하지만 이것은 성경에 위배됩니다. 그리스도께서 요한복음 12장 27절에서 다음과 같이 말씀하셨기 때문입니다. "지금 내 영혼이 번민하고 있다." 또한 마태복음 26장 38절에서도 말씀하셨습니다. "내 영혼이 죽을 정도로 슬프다." 그러므로 이 오류를 배격하기 위해 교부들은 "그는 인간이 되셨다"를 덧붙였습니다. 왜냐하면 인간은 영혼과 육신으로 구성되어 있기 때문입니다. 따라서 그리스도께서는 죄를 제외하고는 인간이 가질 수 있는 모든 것을 가장 참되게 가지고 계셨습니다.

---

33 아폴리나리우스(Apollinarius, c. 310-c. 390)는 아리우스주의에 반대한 정통주의의 강력한 변호자였다. 그는 불변하는 신적인 로고스만이 인간의 구원자가 될 수 있다는 아타나시우스의 확신을 공유했다. 하지만 그는 아타나시우스와는 달리 그리스도 안에 인간 영혼의 현존을 부인했다. 이것은 그리스도의 완전한 인성을 약화시키는 것이다. 이로 인해 그는 381년 콘스탄티노플 공의회에서 이단으로 단죄되었다.

45. In hoc autem quod dicitur homo factus, destruuntur omnes errores superius positi, et omnes alii qui dici possent; et praecipue error Eutychetis, qui dixit commixtionem factam, scilicet ex divina natura et humana factam unam naturam Christi, quae nec Deus pure est, nec purus homo. Sed est falsum, quia tunc non esset homo; et est etiam contra hoc quod dicitur, quod homo factus est.

Destruitur etiam error Nestorii, qui dixit filium Dei unitum esse homini solum per inhabitationem. Sed hoc est falsum, quia tunc non esset homo, sed in homine: et quod sit homo, patet per apostolum, Philip. II, 7: et habitu inventus ut homo; Ioan. VIII, 40: quid quaeritis me interficere, hominem, qui veritatem vobis locutus sum, quam audivi a Deo?

45. "그는 인간이 되셨다"라고 말한 것에서, 위에서 말한 모든 오류들과, 언급될 수 있을 법했던 다른 모든 오류들도 배격됩니다. 특히 유티케스[34]의 오류가 배격되는데, 그는 혼합이 일어났다고 말했습니다. 즉 그리스도의 본성은 신적인 본성과 인간적인 본성으로부터 하나의 본성으로 이루어졌으며, 그것은 순전히 신도 아니고 또 순전히 인간도 아니라는 것입니다. 그러나 당시 그리스도께서 인간이 아니셨다는 것은 잘못된 것이며, 이것은 "그는 인간이 되셨다"라는 진술과도 반대되는 것입니다.

또한 네스토리우스[35]의 오류도 배격됩니다. 그는 하나님의 아들이 단지 내주(內住)를 통해서 인간과 연합하셨다고 말했습니다. 그러나 그리스도가 인간 자신이 아니라 인간 안에 계셨다는 것은 잘못된 것입니다. 그리스도가 인간이셨다는 것은 빌립보서 2장 7절에서 사도가 하는 말을 통해 분명히 나타납니다. "그는 사람과 같이 되셨고." 요한복음 8장 40절 말씀입니다. "너희는 무엇 때문에 하나님에게서 들은 진리를 전하는 사람인 나를 죽이려 하느냐?"

---

34 유티케스(Eutyches, c. 378-454)는 성육신 후에 그리스도는 오직 하나의 본성만 가진다고 주장하여 교회에서 단성론적 이단으로 배격되었다.
35 네스토리우스(Nestorius, 351년 이후 출생-451년 이후 사망)는 콘스탄티노플 대주교를 지낸 인물이다. 그의 이름을 딴 '네스토리우스주의'라는 이단은 성육신하신 그리스도 안에 두 개의 분리된 위격, 즉 신적 위격과 인간적 위격이 있다고 주장하는 것이다. 하지만 네스토리우스가 이런 입장을 가르쳤는지에 대해서는 오늘날 논란이 되고 있다. 네스토리우스주의, 즉 그리스도 안에 두 개의 위격이 있다는 주장은 그리스도 안에 하나의 본성만 있다는 유티케스의 단성론과 함께 정통 기독론에 위배된다. 정통 기독론은 성육신하신 그리스도는 신적인 동시에 인간적인 단일한 위격 안에 신성과 인성 두 개의 본성을 가지고 있다고 가르친다.

46. Possumus autem sumere ex his aliqua ad eruditionem.

Primo enim confirmatur fides nostra. Si enim aliquis diceret aliqua de aliqua terra remota, et ipse non fuisset ibi, non crederetur ei sicut si ibi fuisset. Antequam ergo veniret Christus in mundum, patriarchae et prophetae et Ioannes Baptista dixerunt aliqua de Deo; sed tamen non ita crediderunt eis homines sicut Christo, qui fuit cum Deo, immo unum cum ipso. Unde multum firma est fides nostra ab ipso Christo nobis tradita. Ioan. I, 18: Deum nemo vidit unquam: unigenitus filius qui est in sinu patris, ipse enarravit. Et inde est quod multa fidei secreta sunt manifesta nobis post adventum Christi, quae ante occulta erant.

47. Secundo ex iis elevatur spes nostra. Constat enim quod Dei filius non pro parvo ad nos venit, sumens carnem nostram, sed pro magna utilitate nostra; unde fecit quoddam commercium, scilicet quod assumpsit corpus animatum, et de virgine nasci dignatus est, ut nobis largiretur suam deitatem; et sic factus est homo, ut hominem faceret Deum. Rom. V,

46. 이로부터 우리는 몇 가지 교훈을 얻을 수 있습니다.

첫째로 우리의 믿음이 견고해집니다. 만일 어떤 사람이 멀리 떨어져 있는 어느 땅에 관하여 무슨 말을 할 경우, 그가 그곳에 거주했던 적이 없다면, 그가 거기서 머물렀던 것처럼 그의 말을 믿을 수는 없을 것입니다. 그러므로 그리스도께서 세상에 오시기 전에 이스라엘 족장들과 예언자들과 세례 요한이 하나님에 관하여 증언했지만, 사람들은 그들의 말을 하나님과 함께 계셨고, 더욱이 하나님과 한 분이신 그리스도의 말씀처럼 그렇게 믿지는 않았습니다. 그러므로 우리의 믿음은 그리스도께서 친히 우리에게 전해주셨기 때문에 매우 견고합니다. 요한복음 1장 18절 말씀입니다. "아무도 하나님을 결코 보지 못했다. 아버지의 품속에 계신 독생자께서 친히 말씀해주셨다." 그러므로 그리스도께서 오신 이후에는 이전에 감추어져 있던 많은 믿음의 비밀들이 우리에게 드러났습니다.

47. 둘째로 이로부터 우리의 소망이 고양됩니다. 왜냐하면 하나님의 아들이 사람의 육신을 입으시고 오신 것은 사소한 일을 위해서가 아니라 우리에게 큰 유익을 주시기 위함이 분명하기 때문입니다. 그러므로 그분은 일종의 교환을 하셨습니다. 즉 우리에게 자신의 신성을 나눠주시기 위해서 영혼을 가진 육체를 취하셨고, 동정녀에게서 태어나는 것을 좋게 여기셨던 것입니다. 그분은 사람이 하나님이 되도록 하기 위해서 이같이 사람이 되셨습니다.[36] 로마서 5장

---

36 인간이 하나님이 되게 하기 위하여 하나님이 인간이 되셨다는 주장은 우리로 하여금 신성에 참여하는 자가 되게 하신다는 베드로후서 1장 4절의 말씀에 성서적 근거를 두고

2: per quem habemus accessum per fidem in gratiam istam, in qua stamus et gloriamur in spe gloriae filiorum Dei.

48. Tertio ex hoc accenditur caritas. Nullum enim est tam evidens divinae caritatis indicium quam quod Deus creator omnium factus est creatura, dominus noster factus est frater noster, filius Dei factus est filius hominis. Ioan. III, 16: sic Deus dilexit mundum ut filium suum unigenitum daret. Et ideo ex huius consideratione amor reaccendi debet et inflammari ad Deum.

49. Quarto inducimur ad servandam puram animam nostram. Intantum enim natura nostra fuit nobilitata et exaltata ex coniunctione ad Deum, quod fuit ad consortium divinae personae suscepta: unde Angelus post incarnationem noluit sustinere quod beatus Ioannes adoraret eum, quod ante sustinuerat etiam a maximis patriarchis. Ideo homo huius exaltationem recolens et attendens, debet dedignari vilificare se et naturam suam per peccatum: ideo dicit beatus Petrus: per quem maxima et pretiosa nobis promissa donavit, ut per haec efficiamur divinae consortes naturae,

2절 말씀입니다. "우리는 그분을 통하여 믿음으로 말미암아 우리가 그 안에 서 있는 저 은혜 안으로 들어가는 길을 가집니다. 그리고 하나님의 아들들의 영광을 얻을 소망 안에서 자랑스러워합니다."

48. 셋째로 이로부터 사랑이 불붙게 됩니다. 왜냐하면 만물의 창조주이신 하나님께서 피조물이 되시고, 우리의 주님께서 우리의 형제가 되시고, 하나님의 아들이 사람의 아들이 되신 것만큼 확실한 하나님의 사랑의 표시는 아무것도 없기 때문입니다. 요한복음 3장 16절 말씀입니다. "하나님은 자신의 독생자를 주실 만큼 세상을 이토록 사랑하셨다." 그러므로 이것을 생각함으로써 하나님을 향한 사랑이 다시 점화되고 불타오를 수밖에 없습니다.

49. 넷째로 우리는 우리의 영혼을 순결하게 지킬 수 있도록 인도됩니다. 우리의 본성은 하나님과의 연합을 통하여 너무나 고상해지고 존귀해짐으로써 하나님의 위격에 연합되도록 허용되었습니다. 그러므로 천사는 요한이 자신을 경배하는 것을 허용하지 않았습니다. 과거에는 그가 가장 큰 족장들의 경배도 허용했습니다. 그러므로 사람은 이런 인간 본성의 고양을 기억하고 주목하면서, 죄로 인해 자기 자신과 자신의 본성의 품위를 떨어뜨리는 것을 거부해야 합니다. 그러므로 복되신 베드로가 말합니다. "이를 통해 지극히 크고 값진 약속들을 우리에게 주셔서 이 약속들로 말미암아 우리가 세상

있으며 고대 교회의 유명한 교부인 이레나이우스(2세기의 리옹 주교)에게서부터 찾아볼 수 있다. 이레나이우스, 『이단논박』, 3, 19, 1.

fugientes eius quae in mundo est concupiscentiae corruptionem.

50. Quinto ex his inflammatur desiderium nostrum ad perveniendum ad Christum. Si enim aliquis rex esset frater alicuius, et esset remotus ab eo, desideraret ille cuius frater esset rex, ad eum venire, et apud eum esse et manere. Unde cum Christus sit frater noster, debemus desiderare esse cum eo et coniungi ei: Matth. XXIV, 28: ubicumque fuerit corpus, illuc congregabuntur et aquilae; et apostolus desiderium habebat dissolvi et esse cum Christo: quod quidem desiderium crescit in nobis considerando incarnationem eius.

Articulus 4
Passus sub Pontio Pilato, crucifixus, mortuus et sepultus

51. Sicut necessarium est Christiano quod credat incarnationem filii Dei, ita necessarium est quod

에 속한 정욕의 타락을 피함으로써 신성의 참여자가 되게 하셨습니다"(벧후 1:4).

50. 다섯째로 이로부터(성육신의 신비에 대한 묵상으로부터) 그리스도께 도달하고자 하는 우리의 갈망이 불타오르게 됩니다. 만일 어떤 왕이 누군가의 형제이고 그가 그 형제로부터 멀리 떨어져 있다면, 왕의 형제는 그 왕에게로 와서 그와 함께 거하며 머무르기를 바랄 것입니다. 그러므로 우리는 그리스도께서 우리의 형제이시기 때문에 그분과 함께 거하며 또 그분과 연합되기를 원해야만 합니다. 마태복음 24장 28절 말씀입니다. "시체가 있는 곳은 어디든지 그곳에는 독수리들도 모여들 것이다." 또한 사도는 해방되어 그리스도와 함께 있을 것에 대한 바람을 가지고 있었습니다.[37] 그분의 성육신을 생각함으로써 우리 안에서도 이 욕구가 자라납니다.

4항.
"본디오 빌라도 치하에 고난을 받으시고,
십자가에 못 박히시고, 죽으시고, 묻히셨으며"

51. 그리스도인은 하나님의 아들의 성육신을 믿어야 하는 것처럼 그분의 수난과 죽으심도 믿어야 합니다. 왜냐하면 그레고리우스가

37　Cf. 빌립보서 1장 23절.

credat passionem eius et mortem: quia, sicut dicit Gregorius, nihil nobis nasci profuit, nisi redimi profuisset. Hoc autem, scilicet quod Christus pro nobis est mortuus, ita est arduum quod vix potest intellectus noster capere; immo nullo modo cadit in intellectu nostro. Et hoc est quod dicit apostolus, Act. XIII, 41: opus operor ego in diebus vestris, opus quod non credetis, si quis enarraverit vobis; et Habac. I, 5: opus factum est in diebus vestris quod nemo credet cum narrabitur. Tanta est enim gratia Dei et amor ad nos, quod plus ipse fecit nobis quam possumus intelligere.

52. Non tamen debemus credere quod Christus ita sustinuerit mortem quod deitas mortua sit; sed quod humana natura in ipso mortua sit. Non enim mortuus est secundum quod Deus erat, sed secundum quod homo: et hoc patet per tria exempla.

Unum est in nobis. Constat enim quod cum homo moritur, in separatione animae a corpore non moritur anima, sed ipsum corpus, seu caro. Sic et in morte Christi non est mortua divinitas, sed natura humana.

말하는 것처럼, 속죄 받는 것이 우리에게 유익하지 않았다면 출생 자체가 아무런 유익이 없었을 것이기 때문입니다. 그런데 이것, 즉 그리스도께서 우리를 위해 죽으셨다는 것은 너무나도 어려워서 우리의 지성으로는 거의 파악할 수 없습니다. 더욱이 그것은 결코 우리의 지성 안으로 들어오지도 못합니다. 그리고 이것은 사도가 말하는 것입니다. 사도행전 13장 41절 말씀입니다. "나는 여러분의 시대에 한 가지 일을 합니다. 누군가가 여러분에게 이야기해줄지라도 여러분은 믿지 않을 일입니다." 또한 하박국 1장 5절 말씀입니다. "여러분의 시대에 한 가지 일이 일어났습니다. 누군가가 이야기해 주더라도 아무도 믿지 않을 것입니다." 왜냐하면 우리를 향하신 하나님의 은혜와 사랑은 너무나 커서, 그분 자신이 우리가 이해할 수 있는 것보다 더 많은 일을 우리를 위해 행하셨기 때문입니다.

52. 그러나 우리는 그리스도께서 신성이 죽는 죽음을 겪으신 것이 아니라, 그분 안에 있는 인성이 죽는 죽음을 겪으셨다는 것을 믿어야 합니다. 왜냐하면 그분은 하나님이심에 있어서 죽으신 것이 아니라 인간이심에 있어서 죽으신 것이기 때문입니다. 그리고 이것은 다음의 세 가지 예를 통해 분명합니다.

그 한 가지는 우리 안에 있습니다. 인간이 죽어서 영혼과 육체가 분리될 때에, 영혼이 죽는 것이 아니라 육체(corpus) 자체 혹은 살(caro)이 죽는다는 것은 명백합니다. 이처럼 그리스도께서 죽으실 때도 신성은 죽지 않으셨고 인성이 죽으셨습니다.

53. Sed si Iudaei non occiderunt divinitatem, videtur quod non magis peccaverunt quam si occidissent unum alium hominem.

Ad hoc est dicendum, quod dato quod rex esset indutus una veste, si quis inquinaret vestem illam, tantum reatum incurreret ac si ipsum regem inquinasset. Ideo Iudaei licet non possent Deum interficere, tamen humanam naturam a Christo assumptam occidentes, sunt tantum puniti ac si ipsam divinitatem occidissent.

Item, sicut dictum est superius, filius Dei est verbum Dei, et verbum Dei incarnatum est sicut verbum regis scriptum in charta. Si igitur aliquis dilaniaret chartam regis, pro tanto habetur ac si dilaniaret verbum regis. Et ideo tanto habetur peccatum Iudaeorum ac si occidissent verbum Dei.

54. Sed quae necessitas ut verbum Dei pateretur pro nobis? Magna: et potest colligi duplex necessitas. Una est ad remedium contra peccata, alia est ad exemplum quantum ad agenda.

Ad remedium quidem, quia contra omnia mala quae incurrimus per peccatum, invenimus remedium per

53. 하지만 유대인들이 신성을 죽인 것이 아니라면 어떤 다른 인간을 죽인 경우보다 더 큰 죄를 짓지는 않은 것처럼 보일 수도 있습니다.

이것에 대해서 다음과 같이 말해야 합니다. 가령 어떤 왕이 옷을 입고 있는데 누군가가 그 옷을 더럽힌다면 그것은 그 왕을 더럽히는 것과 같은 벌을 받을 것이라고 말입니다. 그러므로 비록 유대인들이 하나님을 죽일 수는 없었을지라도 그리스도께서 취하신 인성을 죽임으로써 마치 신성 자체를 죽인 것과 동일한 벌을 받았습니다.

또한 위에서 말한 대로 하나님의 아들은 하나님의 말씀이며, 하나님의 말씀은 종이에 적힌 왕의 말처럼 육신이 되셨습니다. 따라서 만일 어떤 사람이 왕의 [말이 적힌] 종이를 찢는다면 마치 왕의 말을 찢는 것만큼이나 큰 사건으로 여겨질 것입니다. 그러므로 유대인들의 죄는 마치 하나님의 말씀을 죽인 것만큼이나 큰 것으로 간주됩니다.

54. 그런데 하나님의 말씀이 우리를 위해 고난을 받아야만 했던 어떤 필연성이 있기라도 한 것입니까? 그 필연성은 큽니다. 그것은 이중의 필연성으로 요약될 수 있습니다. 하나는 죄를 치유하기 위한 것이며, 다른 하나는 행위의 모범을 보여주기 위한 것입니다.

치유하기 위함이라는 것은, 우리가 죄를 지음으로써 범하는 모든 악에 대하여 그리스도의 수난을 통해 치유를 발견한다는 것입니

passionem Christi. Incurrimus autem quinque mala.

55. Primo maculam: homo enim cum peccat, deturpat animam suam: quia sicut virtus animae est pulchritudo eius, ita peccatum est macula eius. Bar. III, 10: quid est, Israel, quod in terra inimicorum es (...) coinquinatus es cum mortuis? Sed hoc removet passio Christi: nam Christus sua passione fecit balneum in sanguine suo, quo peccatores lavaret. Apoc. I, 5: lavit nos a peccatis nostris in sanguine suo. Lavatur autem anima sanguine Christi in Baptismo, quia ex Christi sanguine virtutem habet regenerativam. Et ideo cum aliquis se inquinat per peccatum, facit Christo iniuriam, et magis peccat quam ante. Hebr. X, 28-29: irritam quis faciens legem Moysi, sine ulla miseratione duobus vel tribus testibus moritur; quanto magis putatis deteriora mereri supplicia qui filium Dei conculcaverit, et sanguinem testamenti pollutum duxerit?

56. Secundo incurrimus offensam Dei. Nam sicut carnalis diligit carnalem pulchritudinem, ita Deus spiritualem, quae est pulchritudo animae. Quando

다. 그런데 우리는 다섯 가지 악을 범합니다.

55. 첫째로 얼룩입니다. 인간은 범죄하는 순간 자신의 영혼을 추하게 만듭니다. 영혼의 덕이 영혼의 아름다움이듯이, 영혼의 죄는 영혼의 얼룩이기 때문입니다. 바룩 3장 10절 말씀입니다. "이스라엘이여, 네가 원수들의 땅에 있음은 어찌된 일인가? (…) 죽은 자들과 함께 네가 더럽혀졌음은 어찌된 일인가?" 그러나 그리스도의 수난이 이 얼룩을 없애줍니다. 왜냐하면 그리스도께서 자신의 수난을 통해 그의 피로써 죄인을 씻기시기 위해, 자신의 피로 욕조를 만드셨기 때문입니다. 요한계시록 1장 5절 말씀입니다. "그가 자신의 피로 우리를 우리 죄에서 씻기셨습니다." 그래서 영혼은 세례를 받을 때 그리스도의 피로써 씻겨집니다. 왜냐하면 영혼은 그리스도의 피로부터 다시 태어나는 힘을 얻게 되기 때문입니다. 그러므로 누군가가 죄를 통해 자신을 더럽힐 때 그 사람은 그리스도께 불의를 행하는 것이며, 세례받기 이전보다 더 큰 죄를 짓는 것입니다. 히브리서 10장 28-29절 말씀입니다. "모세의 법을 폐한 자도 두세 증인으로 인해 무자비하게 죽는다. 하나님의 아들을 짓밟고 언약의 피를 더럽게 만든 자가 얼마나 더 가혹한 벌을 받아야 하는지 너희는 생각하는가?"

56. 둘째로 우리는 하나님께 모욕을 안겨줍니다. 왜냐하면 육적인 사람이 육적인 아름다움을 사랑하듯이, 하나님께서는 영혼의 아름다움인 영적 아름다움을 사랑하시기 때문입니다. 그러므로 영혼이

ergo anima per peccatum inquinatur, Deus offenditur, et odio habet peccatorem. Sap. XIV, 9: odio sunt Deo impius et impietas eius. Sed Christi passio hoc removet, qui Deo patri satisfecit pro peccato, pro quo ipse homo satisfacere non poterat; cuius caritas fuit maior et obedientia quam peccatum primi hominis et praevaricatio. Rom. V, 10: cum inimici essemus (Deo), reconciliati sumus Deo per mortem filii eius.

57. Tertio incurrimus infirmitatem. Nam homo semel peccando credit postmodum a peccato posse continere; sed totum contrarium accidit: quia per primum peccatum debilitatur, et fit pronior ad peccandum; et peccatum magis dominatur homini, et homo, quantum de se est, ponit se in tali statu

죄를 통해 더럽혀질 때 하나님께서는 모욕을 받으시며, 죄인을 미워하십니다. 지혜서 14장 9절 말씀입니다. "불경건한 사람과 그의 불경건은 하나님이 미워하시는 것이다." 그러나 그리스도의 수난은 인간이 스스로 보속(補贖)[38]할 수 없었던 죄를 하나님 아버지께 보속하심으로써 제거합니다. 그분의 사랑과 순종은 첫 번째 사람의 죄와 거역보다 더 컸습니다. 로마서 5장 10절 말씀입니다. "우리가 [하나님과] 원수 되었을 때 그의 아들의 죽음으로 말미암아 하나님과 화해하게 되었습니다."

57. 셋째로 우리는 연약함에 빠집니다. 왜냐하면 인간은 한번 죄를 짓고 나서도 그가 [죄를] 통제할 수 있다고 믿지만 [오히려] 정반대의 일이 일어나기 때문입니다. 즉 처음 지은 죄를 통해서 약해지고 죄를 범하는 쪽으로 더 경도됩니다. 또한 죄는 인간을 더욱 지배하게 되며, 인간은 마치 우물에 뛰어든 사람처럼 하나님의 힘이 아닌 스스로의 힘만으로는 올라올 수 없는 것과 같은 상태에 처하게 됩니다. 그러므로 인간이 죄를 지은 후로 우리의 본성은 약해지고

---

38 보속(補贖)은 죄의 해악을 보상(報償)하는 것을 의미하며, 라틴어로는 satisfactio이다. 이 라틴어 단어는 어원적으로 볼 때 "충분하게 하다"(satis-facere)를 의미하는 것으로 로마법에서 비롯되었다. 로마법에서 satisfactio는 채무자가 빚을 자신이 갚을 수 있는 한에서 충분히 갚는 것을 의미했다. 이 법률 용어는 서방 그리스도교 신학 용어 창조에 크게 기여한 변호사였던 테르툴리아누스(Tertullianus c. 155-c. 225)를 통해 신학 용어 안에 도입되었다. 그는 satisfactio라는 용어를 죄인의 참회 행위와 그리스도의 죽음에 적용했다. *La Pénitence*, 7, 14, SC 316, Paris: Cerf, 1984, p. 177, B. Sesboüé, *Jésus-Christ, l'unique médiateur*, t. 1, Problématique et relecture doctrinale: essai sur la rédemption et le salut, Paris: Desclée, 2003, p. 328에서 재인용.

ut non surgat, sicut qui in puteum se proiicit, nisi ex divina virtute. Unde postquam homo peccavit, natura nostra fuit debilitata et corrupta; et tunc homo fuit pronior ad peccandum. Sed Christus hanc infirmitatem et debilitatem diminuit, licet non totam deleverit; tamen ita est homo ex Christi passione confortatus, et peccatum debilitatum, quod non tantum dominatur ei; et potest homo conari adiutus gratia Dei, quae confertur in sacramentis, quae ex Christi passione efficaciam habent, ita quod potest resilire a peccatis. Apostolus, Rom. VI, 6: vetus homo noster simul crucifixus est, ut destruatur corpus peccati. Nam ante passionem Christi pauci inventi sunt sine peccato mortali viventes; sed post sine peccato mortali multi vixerunt et vivunt.

부패되었습니다. 그리고 그때부터 인간은 죄를 범하는 쪽으로 더 기울어지게 되었습니다. 그러나 그리스도께서는 이러한 연약함과 약함을 감소시켜 주셨습니다. 그분이 모든 연약함을 없애지는 않으셨을지라도 인간은 그리스도의 수난으로부터 이처럼 튼튼해졌으며, 죄는 약해져서 인간을 그만큼 지배하지 못합니다. 그리고 인간은 그리스도의 수난으로부터 효력을 가지는 성례전들에서 주어지는 하나님의 은혜의 도움으로 죄에서 벗어날 수 있는 시도를 할 수 있습니다. 로마서 6장 6절에서 사도는 말합니다. "죄의 몸이 소멸되도록 하기 위해 우리 옛 사람이 함께 십자가에 못 박혔습니다." 물론 그리스도의 수난 이전에는 소수의 사람들만이 치명적인 죄[39]를 짓지 않고 살았습니다. 하지만 그리스도의 수난 이후에는 다수의 사람들이 치명적인 범죄를 저지르지 않고 살았으며 또한 살고 있습니다.

---

39 토마스 아퀴나스는 궁극적인 목적과 관련된 무질서를 포함하는 죄와 그렇지 않은 죄를 구분한다. 토마스는 전자를 '치명적인 죄'(peccatum mortale)라고 부르고, 후자를 '가벼운 죄'(peccatum veniale)라고 부른다. 이 두 가지 죄의 구분은 비유적 의미에 따른 것이다. 즉 질병이 유기체 안에 고칠 수 없는 악을 도입할 때 치명적인 질병인 것처럼, 영혼의 질병인 죄는 궁극적 목적과 관련된 무질서를 포함하여 고칠 수 없는 것일 때 치명적인 죄가 된다. 예컨대 죄인의 의지가 인간의 궁극적 목적과 관련되는 사랑에 위배되는 것, 즉 하나님 사랑에 위배되는 신성 모독이라든가 이웃 사랑에 위배되는 살인, 간음 등이 치명적인 죄다. 반면에 '가벼운 죄'는 용서를 의미하는 단어(venia)에서 온 것으로서 죄인의 의지가 어떤 무질서를 포함하는 것으로 향하지만 하나님 사랑과 이웃 사랑에 위배되지 않는 죄다. ST I-II, 88, 1, c. & 2, c. 가톨릭 신학자들은 토마스가 사용하는 'peccatum mortale'와 'peccatum veliale'를 각각 '사죄'(死罪)와 '소죄'로 번역한다.

58. Quarto incurrimus reatum poenae. Hoc enim exigit iustitia Dei, ut quicumque peccat, puniatur. Poena autem pensatur ex culpa. Unde cum culpa peccati mortalis sit infinita, utpote contra bonum infinitum, scilicet Deum, cuius praecepta peccator contemnit; poena debita peccato mortali est infinita. Sed Christus per suam passionem abstulit nobis poenam hanc, et sustinuit ipse. I Petr. II, 24: peccata nostra (idest poenam peccati) ipse pertulit in corpore suo. Nam passio Christi fuit tantae virtutis quod sufficit ad expiandum omnia peccata totius mundi, etiam si essent centum millia. Et inde est quod baptizati ab omnibus peccatis laxantur. Inde est etiam quod sacerdos peccata dimittit. Inde est etiam quod quicumque magis passioni Christi se conformat, maiorem consequitur veniam, et plus meretur de gratia.

59. Quinto incurrimus exilium regni. Nam qui offendunt reges, exulare coguntur a regno. Sic et homo propter peccatum expellitur de Paradiso. Inde est quod Adam statim post peccatum est eiectus de Paradiso, et clausa est ianua Paradisi. Sed Christus sua passione ianuam illam aperuit, et ad regnum exules

58. 넷째로 우리는 처벌을 받아야 하는 상태에 빠집니다. 왜냐하면 하나님의 정의는 죄를 짓는 자는 누구든지 처벌을 받도록 요구하시기 때문입니다. 그런데 벌은 죄과(culpa)에 따라 저울질됩니다. 그러므로 치명적인 죄의 죄과는 죄인이 무한한 선, 즉 하나님의 계명들을 무시하는 것이기 때문에 무한합니다. 그리고 그 치명적인 죄에 대한 벌도 무한합니다. 그러나 그리스도께서는 자신의 수난을 통하여 우리에게서 이러한 벌을 가져가셔서 당신 스스로 그것을 감당하셨습니다. 베드로전서 2장 24절 말씀입니다. "그분이 우리의 죄를(즉 죄에 대한 벌을) 자신의 몸으로 친히 감당하셨습니다." 왜냐하면 그리스도의 수난은 온 세상의 모든 죄들을 보속하기에 넉넉할 정도로 큰 덕이었기 때문입니다. 비록 그 죄가 수없이 많을지라도 말입니다. 이러한 까닭에 세례 받은 사람들은 모든 죄로부터 해방됩니다. 사제가 죄를 용서해주는 것 역시 이 때문입니다. 그리스도의 수난에 자기 자신을 더 많이 일치시키는 사람은 누구든지 더 큰 용서를 받으며 더 많은 은혜를 받을 만한 것도 이 때문입니다.

59. 다섯째로 우리는 왕국으로부터 추방을 당합니다. 왜냐하면 왕을 모욕하는 자들은 왕국에서 강제로 추방되기 때문입니다. 마찬가지로 인간 또한 죄 때문에 낙원에서 쫓겨납니다. 그러므로 아담은 범죄한 후 즉시 낙원으로부터 쫓겨났고 낙원의 문은 닫혔습니다. 하지만 그리스도께서는 자신의 수난으로써 그 닫힌 문을 여셨고, 추방된 자들을 왕국으로 다시 불러주셨습니다. 왜냐하면 그리스도의 옆구리가 열림으로써 낙원의 문이 열렸으며, 그리스도께서 피를

revocavit. Aperto enim latere Christi, aperta est ianua Paradisi; et fuso sanguine eius, deleta est macula, placatus est Deus, ablata est debilitas, expiata est poena, exules revocantur ad regnum. Et inde est quod statim latroni dicitur (Luc. XXIII, 43): hodie mecum eris in Paradiso. Hoc non est dictum olim: non enim dictum fuit alicui, non Adae, non Abrahae, non David; sed hodie, scilicet quando aperta est ianua, latro veniam petit et invenit. Hebr. X, 19: habentes (...) fiduciam in introitu sanctorum in sanguine Christi.

Sic ergo patet utilitas ex parte remedii.

Sed non minor est utilitas quantum ad exemplum.

60. Nam, sicut dicit beatus Augustinus, passio Christi sufficit ad informandum totaliter vitam nostram. Quicumque enim vult perfecte vivere, nihil aliud faciat nisi quod contemnat quae Christus in cruce contempsit, et appetat quae Christus appetiit.

61. Nullum enim exemplum virtutis abest a cruce. Si enim quaeras exemplum caritatis, maiorem caritatem nemo habet ut animam suam ponat quis pro amicis suis, Ioan. XV, 13. Et hoc in cruce fecit Christus. Et

흘리심으로써 얼룩이 지워지고, 하나님과의 화해가 이루어지고, 연약함이 제거되고, 벌이 보속되었기 때문입니다. 그리하여 추방된 자들이 다시 왕국으로 부름 받게 됩니다. 그러므로 누가복음 23장 43절에서 [그리스도께서] 강도에게 즉시 말씀하셨습니다. "오늘 네가 나와 함께 낙원에 있으리라." 이것은 예전에 누구에게도, 아담에게도, 아브라함에게도, 다윗에게도 말씀하셨던 것이 아닙니다. 하지만 오늘, 즉 문이 열렸을 때, 강도는 용서를 구했고, 용서를 받았습니다. 히브리서 10장 19절 말씀입니다. "그리스도의 피로써 지성소로 들어갈 수 있다는 신뢰를 가지게 되고."

그러므로 그리스도의 수난이 치유의 측면에서 이처럼 유익이 있다는 것은 확실합니다.

그러나 모범을 보임에 있어서도 이에 못지않은 유익이 있습니다.

60. 왜냐하면 복되신 아우구스티누스가 말한 대로 그리스도의 수난은 우리의 삶을 완전하게 교육하는 데 충분하기 때문입니다. 완전하게 살기를 원하는 사람은 누구든지 그리스도께서 십자가에서 경멸하셨던 것들을 경멸하고, 그리스도께서 추구하셨던 것들을 추구하는 것 외의 다른 어떤 것도 행해서는 안 되기 때문입니다.

61. 왜냐하면 십자가와 동떨어져 있는 덕의 본보기는 아무것도 없기 때문입니다. 만약 당신이 사랑의 모범을 찾고 있다면, 요한복음 15장 13절 말씀처럼 어떤 사람이 자신의 친구를 위하여 자기 생명을 내놓는 사랑보다 더 큰 사랑은 없습니다. 바로 이것을 그리스도

ideo si pro nobis animam suam dedit, non debet nobis esse grave quaecumque mala sustinere pro ipso. Psal. CXV, 12: quid retribuam domino pro omnibus quae retribuit mihi?

62. Si quaeris exemplum patientiae, excellentissima in cruce invenitur. Patientia enim ex duobus magna ostenditur: aut cum quis magna patienter suffert, aut cum ea suffert quae vitare posset, et non vitat.

Christus autem magna in cruce pertulit. Thren. I, 12: o vos omnes qui transitis per viam, attendite, et videte si est dolor sicut dolor meus; et patienter, quia, cum pateretur, non comminabatur, I Petr. II, 23; et Isai. LIII, 7: sicut ovis ad occisionem ducetur, et quasi agnus coram tondente se obmutescet.[40]

---

40 Vulgata Clementin: "sicut ovis ad occisionem ducetur, et quasi agnus coram tondente se obmutescet." Nova Vulgata: "quasi ovis, quae coram tondentibus se obmutuit et non aperuit os suum."

께서 십자가에서 행하셨습니다. 그러므로 그리스도께서 우리를 위하여 자신의 생명을 주셨다면, 어떠한 악이라도 그분을 위해 견디는 것이 우리에게 무거운 짐이 되어서는 안 됩니다. 시편 115[116]편 12절 말씀입니다. "나를 위해 주님께서 주신 모든 것에 대해 나는 무엇으로 주님께 보답할까?"

62. 만약 당신이 인내의 모범을 찾고 있다면, 가장 탁월한 인내를 십자가에서 발견할 것입니다. 왜냐하면 인내가 위대하다는 것은 두 가지를 통해서 드러나기 때문입니다. [그것은] 어떤 사람이 인내심을 가지고 큰일을 겪을 때이거나, 혹은 피할 수 있는 것들을 피하지 않고 겪을 때입니다.

그런데 그리스도께서는 십자가에서 큰일을 끝까지 감당하셨습니다. 예레미야애가 1장 12절 말씀입니다. "길을 지나가는 모든 이들이여 주목하십시오. 나의 고통과 같은 고통이 있는지 보십시오." 베드로전서 2장 23절 말씀입니다. "그는 인내심을 가지고 고통을 당하시면서 위협하지 않으셨습니다." 또한 이사야 53장 7절 말씀입니다. "양이 도살장으로 끌려가듯이, 또한 털 깎는 자 앞에 있는 어린양과 같이, 그는 말이 없으실 것입니다."[41]

---

41 여기 인용된 성구는 토마스 당대에 통용되던 불가타 라틴역을 역자가 직접 번역한 것이다. 그런데 이 라틴역은 히브리어 구약성서를 번역한 현재 한글개역성경 구절과는 양과 어린 양의 순서와 시제에 차이가 있다. 한글개역: "마치 도수장으로 끌려가는 어린 양과 털 깎는 자 앞에 잠잠한 양같이 그 입을 열지 아니하였도다."

Item vitare potuit, et non vitavit. Matth. XXVI, 53: an putas quia non possum rogare patrem meum, et exhibebit mihi modo plusquam duodecim legiones Angelorum? Magna est ergo Christi patientia in cruce. Hebr. XII, 1-2: per patientiam curramus ad propositum nobis certamen, aspicientes in auctorem fidei et consummatorem Iesum, qui, proposito sibi gaudio sustinuit crucem confusione contempta.

63. Si quaeris exemplum humilitatis, respice crucifixum: nam Deus iudicari voluit sub Pontio Pilato, et mori. Iob XXXVI, 17: causa tua quasi impii iudicata est. Vere impii: quia, morte turpissima condemnemus eum, Sap. II, 20. Dominus pro servo, et vita Angelorum pro homine mori voluit. Philip. II, 8: factus est obediens usque ad mortem.

64. Si quaeris exemplum obedientiae, sequere eum qui factus est obediens patri usque ad mortem. Rom. V, 19: sicut per inobedientiam unius hominis peccatores constituti sunt multi: ita per unius obedientiam, iusti constituentur multi.

또한 그는 피할 수 있으셨지만 그렇게 하지 않으셨습니다. 마태복음 26장 53절 말씀입니다. "너는 내가 내 아버지께 청하여 아버지께서 나를 위해 지금 열두 군단 이상의 천군을 나타나게 할 수 없다고 생각하느냐?" 그러므로 십자가에서 보여주신 그리스도의 인내는 위대합니다. 히브리서 12장 1-2절 말씀입니다. "믿음의 창시자이시며 완성자이신 예수님을 바라보면서 우리 앞에 놓여 있는 싸움을 향해 인내심을 가지고 달려갑시다. 그분은 자신 앞에 놓인 기쁨을 위하여 부끄러움을 개의치 않으시고 십자가를 견디셨습니다."

63. 만일 당신이 겸손의 모범을 찾고 있다면 십자가에 달리신 분을 바라보십시오. 하나님은 본디오 빌라도에게 재판을 받고 죽기를 원하셨습니다. 욥기 36장 17절 말씀입니다. "너의 송사는 불경건한 사람의 송사처럼 재판을 받았다." 참으로 불경건한 사람들처럼 말입니다. 지혜서 2장 20절 말씀입니다. "그를 가장 불명예스러운 죽음으로써 정죄하자." 주님이 종을 대신하여, 그리고 천사들의 생명이 인간을 대신하여 죽기를 원하셨습니다. 빌립보서 2장 8절 말씀입니다. "그는 죽기까지 순종하셨습니다."

64. 만일 당신이 순종의 모범을 찾고 있다면 죽기까지 아버지께 순종하신 그분을 따라가십시오. 로마서 5장 19절 말씀입니다. "한 사람의 불순종을 통해 많은 사람들이 죄인이 된 것처럼 한 사람의 순종을 통해서 많은 사람들이 의인이 될 것입니다."

65. Si quaeris exemplum contemnendi terrena, sequere eum qui est rex regum et dominus dominantium, in quo sunt thesauri sapientiae; in cruce tamen nudatum, illusum, consputum, caesum, spinis coronatum, et felle et aceto potatum, et mortuum. Igitur non afficiaris ad vestes, et ad divitias: quia diviserunt sibi vestimenta mea, Psal. XXI, 19; non ad honores, quia ego ludibria et verbera expertus sum; non ad dignitates, quia plectentes coronam de spinis imposuerunt capiti meo; non ad delicias, quia in siti mea potaverunt me aceto, Psal. LXVIII, 22.

Augustinus super illud Hebr. XII: qui proposito sibi gaudio sustinuit crucem, confusione contempta, dicit: omnia bona terrena contempsit homo Christus Iesus ut contemnenda monstraret.

65. 만일 당신이 땅에 속한 것들을 경멸하는 것의 모범을 찾고 있다면 왕들의 왕이시며 통치하는 자들의 주(主)이신 그분을 따라가십시오. 그분 안에는 지혜의 보화가 있습니다. 하지만 그분은 십자가에서 벌거벗겨지셨고, 조롱과 침 뱉음을 당하셨으며, 매를 맞으셨고 가시관을 쓰셨고, 쓰고 신 잔을 마시셨고, 그리고 죽임을 당하셨습니다. 그러므로 옷이나 부귀에 마음이 동요되지 마십시오. 왜냐하면 시편 21편 19절[22편 18절] 말씀대로 "그들이 나의 옷을 나누었기 때문입니다." 명예에도 마음이 동요되지 마십시오. "내가 조롱과 채찍질을 당했기 때문입니다." 품위에도 마음이 동요되지 마십시오. "그들이 가시로 관을 엮어서 내 머리에 씌웠기 때문입니다." 쾌락에도 마음이 동요되지 마십시오. "내가 목마를 때 그들이 내게 신 포도주를 마시게 했기 때문입니다." 시편 68편 22절[69편 21절] 말씀입니다.

아우구스티누스는 히브리서 12장 2절의 "그분은 자신을 위해 기쁨이 주어져 있었지만 부끄러움을 개의치 않으시고, 십자가를 참으셨습니다"를 주석하면서 다음과 같이 말합니다. "사람이신 그리스도께서는 경멸해야 하는 것들을 보여주시기 위해서 지상의 모든 좋은 것들을 경멸하셨습니다."[42]

---

42 Augustinus, *Speculum de Scriptura sacra*, Cap. III, XII, PL 34, c. 1028.

Articulus 5
Descendit ad Inferos, tertia die resurrexit a mortuis

66. Sicut dictum est, mors Christi fuit in separatione animae a corpore, sicut et aliorum hominum; sed divinitas ita insolubiliter iuncta fuit homini Christo, quod licet anima et corpus separarentur ab invicem, ipsa tamen deitas perfectissime semper et animae et corpori affuit; et ideo in sepulcro cum corpore fuit filius Dei, et ad Inferos cum anima descendit.

5항.
"음부[43]에 내려가셨으며,
사흘 만에 죽은 자 가운데서 다시 살아나셨으며"

66. 이미 말한 대로, 그리스도의 죽음은 다른 사람들의 죽음과 마찬가지로 영혼과 육체의 분리에서 일어났습니다. 비록 영혼과 육체가 서로에게서 분리될지라도 신성은 영혼과 육체에 항상 가장 완전하게 현존했기 때문에, 신성은 사람이신 그리스도에게서 그렇게 분리될 수 없게 연결되어 있었습니다. 그러므로 하나님의 아들은 무덤 속에서는 육체와 함께 계셨고, 음부에는 영혼과 함께 내려가셨습니다.

---

43 여기서 음부라고 번역한 라틴어는 '인페리'(Inferi)이다. 남성 복수 주격형인 이 단어가 전치사 ad 뒤에 오면서 복수 대격형인 Inferos로 사용되었다. 토마스는 음부를 나타내기 위해 '인페리'(Inferi) 혹은 '인페르누스'(Infernus)를 사용하였다. 이 두 단어는 히브리어 '스올'(Sheol), 그리스어 '하데스'(Hades)를 옮긴 말로 죽은 자들의 세계, 우리말로 저승을 의미한다. 토마스 아퀴나스는 음부(Infernus), 즉 죽은 자들의 세계를 네 가지 종류로 구분한다. 첫째, 저주받은 자들의 음부(infernus damnatorum)로서 하나님을 볼 수 없고, 은총도 없고, 감각적 벌이 있는 곳이다. 둘째, 어린이들의 음부(infernus puerorum)로서 하나님을 볼 수 없고, 은총도 결여되어 있으나 감각적 벌은 없는 곳이다. 이것은 어린이들의 림보(limbus puerorum)라고도 불린다. 셋째 음부는 연옥(purgatorium)으로서 하나님을 볼 수 없지만 은총은 결여되지 않은 곳이다. 하지만 감각적 벌이 있는 곳이다. 넷째, 거룩한 조상들의 음부(infernus sanctorum patrum)로서 하나님을 볼 수 없지만, 은총은 결여되지 않았고, 감각적 벌도 없는 곳으로서 거룩한 조상들의 림보(limbus sanctorum patrum)라고도 불린다. Sent. III, 22. 2. 1. 2 c; ST III. 52. 2 ob. 1 & 2. 토마스는 그리스도께서 각각의 음부에 다른 방식으로 내려가셨다고 말한다. 그리스도는 저주 받은 자들의 음부에는 그들의 불신과 악의에 대해 그들을 저지하기 위해, 연옥에 있는 이들에게는 영광을 얻으리라는 희망을 주기 위해, 거룩한 조상들에게는 영원한 영광의 빛을 주시기 위해 내려가셨다. ST III, 52, 2, c. 원죄를 가지고 죽은 유아들은 은혜를 받지 못했기 때문에 음부에서 해방되지 않았다. ST III, 52, 7, c.

67. Sunt autem quatuor rationes quare Christus cum anima ad Infernum descendit.

Prima ut sustineret totam poenam peccati, ut sic totam culpam expiaret. Poena autem peccati hominis non solum erat mors corporis, sed etiam erat poena in anima: quia etiam peccatum erat quantum ad animam, quia etiam ipsa anima puniebatur quantum ad carentiam visionis divinae: pro qua abolenda nondum satisfactum erat. Et ideo post mortem descendebant omnes, etiam sancti patres, ante Christi adventum, ad Infernum. Ut ergo Christus sustineret totam poenam peccatoribus debitam, voluit non solum mori, sed etiam secundum animam ad Infernum descendere. Unde Psal. LXXXVII, 4: aestimatus sum cum descendentibus in lacum: factus sum sicut homo sine adiutorio inter mortuos liber. Alii enim erant ibi ut servi, sed Christus ut liber.

68. Secunda ratio est ut perfecte subveniret suis amicis omnibus. Habebat enim amicos suos non solum in mundo, sed etiam in Inferno. In hoc enim sunt aliqui amici Christi inquantum habent caritatem; in Inferno autem multi erant qui cum caritate et fide venturi

67. 그런데 그리스도께서 영혼과 함께 음부에 내려가신 이유는 네 가지가 있습니다.

첫 번째 이유는 죄에 대한 모든 벌을 감당하시기 위한 것입니다. 이렇게 해서 모든 죄과(culpa)를 속죄하고자 한 것입니다. 그런데 인간의 죄(peccatum)에 대한 벌은 단지 육체의 죽음뿐만 아니라 영혼에 있어서의 벌이었습니다. 왜냐하면 죄는 영혼과 관련된 것이었으며, 영혼 자체는 하나님을 볼 수 없게 되었다는 점에서는 벌을 받았지만, 영혼이 소멸되어야 할 죄는 아직 보속되지 않았기 때문입니다. 따라서 그리스도께서 오시기 전 모든 사람들, 심지어 거룩한 조상들까지도 사후에 음부에 내려갔습니다. 그러므로 그리스도께서는 죄인들이 받아야 하는 모든 벌을 감당하시기 위해 죽기를 원하셨을 뿐만 아니라, 영혼으로 음부에 내려가기를 원하셨습니다. 그러므로 시편 87[88]편 4절에서 말씀하십니다. "나는 웅덩이로 내려가는 자들과 함께 헤아려졌습니다. 나는 죽은 자들 가운데서 아무런 도움 없이 자유로운 사람처럼 되었습니다." 왜냐하면 다른 사람들은 그곳에서 종으로 있었지만, 그리스도께서는 자유로운 분으로 계셨기 때문입니다.

68. 두 번째 이유는 자신의 모든 친구들을 완전히 돕기 위한 것입니다. 왜냐하면 그리스도께서는 이 세상에서뿐만 아니라 음부에서도 자신의 친구들을 갖고 있었기 때문입니다. 이 세상에서는 어떤 사람들이 사랑을 소유함으로써 그리스도의 친구지만, 음부에는 아브라함, 이삭, 야곱, 모세, 다윗, 그리고 다른 의롭고 완전한 사람들

decesserant, sicut Abraham, Isaac, Iacob, Moyses, David et alii iusti et perfecti viri. Et quia Christus suos visitaverat in mundo, et eis subvenerat per mortem suam, voluit etiam visitare suos qui erant in Inferno, et subvenire eis descendendo ad eos. Eccli. XXIV, 45: penetrabo omnes inferiores partes terrae, et inspiciam omnes dormientes, et illuminabo omnes sperantes in domino.

69. Tertia vero ratio est ut perfecte de Diabolo triumpharet. Tunc enim perfecte triumphat aliquis de aliquo, quando non solum vincit eum in campo, sed etiam invadit eum usque in domum propriam, et aufert ei sedem regni et domum suam. Christus autem triumphaverat contra Diabolum, et in cruce vicerat eum: unde ait Ioan. XII, 31: nunc iudicium est mundi, nunc princeps huius mundi (scilicet Diabolus) eiicietur foras. Et ideo ut perfecte triumpharet, voluit auferre sedem regni sui, et ligare eum in domo sua quae est Infernus. Et ideo descendit illuc, et diripuit omnia sua, et ligavit eum, et abstulit ei praedam suam. Coloss. II, 15: expolians principatus et potestates, traduxit confidenter, palam triumphans illos in semetipso.

처럼 오실 그리스도에 대한 사랑과 믿음을 가지고 죽은 많은 사람들이 있었습니다. 그리스도께서는 이 세상에서 자기 사람들을 방문하셨고 죽음으로써 그들을 도우셨습니다. 또한 음부에 있던 자기 사람들도 방문하기를 원하셨으며, 그들에게로 내려감으로써 그들을 돕기를 원하셨습니다. 집회서 24장 45절 말씀입니다. "나는 땅의 보다 낮은 모든 부분을 관통할 것이고, 모든 잠자는 사람들을 볼 것이며, 주님을 소망하는 모든 사람들에게 빛을 비출 것이다."

69. 세 번째 이유는 악마를 완전히 이기기 위한 것입니다. 왜냐하면 어떤 사람이 다른 사람을 완전히 정복하는 때는 전쟁터에서 승리할 뿐 아니라 그의 집에까지 쳐들어가서 그에게서 권좌와 집을 빼앗는 때이기 때문입니다. 그런데 그리스도께서는 악마를 이기셨으며 십자가에서 그를 정복하셨습니다. 그러므로 요한복음 12장 31절에서 말씀하십니다. "지금은 이 세상을 심판할 때이다. 지금 이 세상의 통치자(악마)가 밖으로 내던져질 것이다." 그러므로 그리스도께서는 악마를 완전히 정복하기 위해서 그의 권좌를 빼앗고 그의 집인 음부에 그를 묶어버리기를 원하셨습니다. 그러므로 그리스도께서는 거기로 내려가서 그의 모든 것을 빼앗고 그를 묶어버리셨습니다. 또한 악마에게서 그의 노획물을 빼앗았습니다. 골로새서 2장 15절 말씀입니다. "왕권들과 권세들을 박탈하여 자신 있게 끌고 가셔서 자신 안에서 저들을 공개적으로 이기셨습니다."

Similiter etiam quia potestatem et possessionem acceperat Christus caeli et terrae, voluit etiam possessionem accipere Inferni, ut sic, secundum apostolum ad Philip. II, 10: in nomine Iesu omne genuflectatur, caelestium, terrestrium et Infernorum; Marc., ult. 17: in nomine meo Daemonia eiicient.

70. Quarta ratio et ultima est ut liberaret sanctos qui erant in Inferno. Christus enim sicut voluit pati mortem ut liberaret viventes a morte; ita etiam voluit descendere ad Infernum, ut liberaret eos qui erant ibi. Zach. IX, 11: tu quoque in sanguine testamenti tui emisisti vinctos tuos de lacu, in quo non est aqua. Oseae XIII, 14: ero mors tua, o mors; morsus ero tuus, Inferne.

Licet enim mortem totaliter destruxerit Christus, Infernum tamen non omnino destruxit, sed momordit; quia scilicet non omnes liberavit de Inferno, sed illos tantum qui erant sine peccato mortali, et similiter sine peccato originali, a quo quantum ad personam liberati erant per circumcisionem; vel ante circumcisionem, qui salvati erant in fide parentum fidelium, quantum ad eos qui non habebant usum rationis; vel per sacrificia, et in fide Christi venturi, quantum ad adultos; sed erant

그리스도께서는 하늘과 땅의 권세와 소유권을 받으신 것과 마찬가지로, 음부의 소유권도 받기를 원하셨습니다. 빌립보서 2장 10절에서 사도가 말한 것처럼 말입니다. "예수의 이름에 하늘과 땅과 음부에 속한 모든 것이 무릎을 꿇게 하셨습니다." 마가복음 16장 17절 말씀입니다. "그들은 내 이름으로 마귀들을 내쫓을 것이다."

70. 네 번째이자 마지막 이유는 음부에 있는 성도들을 구출하시기 위한 것입니다. 왜냐하면 그리스도께서는 살아 있는 사람들을 죽음에서 구출하기 위해 죽임을 당하기를 원하셨던 것처럼, 음부에 있는 사람들을 구출하기 위해 그곳으로 내려가기를 원하셨기 때문입니다. 스가랴 9장 11절 말씀입니다. "너는 또한 네 언약의 피로 너의 묶인 자들을 물 없는 구덩이로부터 밖으로 내보냈다." 호세아 13장 14절 말씀입니다. "사망아, 나는 너의 사망이 될 것이다. 음부야, 나는 너를 깨물 것이다."

왜냐하면 비록 그리스도께서 죽음을 완전히 파괴하셨을지라도 음부를 모조리 파괴한 것이 아니라 음부를 깨물었기 때문입니다. 즉 그는 음부에서 모든 사람들을 구출하지는 않으셨고, 치명적인 죄를 짓지 않은 자들, 이와 유사하게 할례를 통해 개인적으로 원죄로부터 구출된 사람들, 혹은 할례 이전 시대의 이성을 사용하지 못하는 아이들의 경우에는 믿음을 가진 부모의 믿음으로 구원된 이들, 혹은 성인의 경우는 희생제물을 통해 그리고 오실 그리스도를 믿음으로써 구원된 사람들만 구출했습니다. 하지만 그들은 그리스도를 통해서가 아니면 구출될 수 없는 본성의 죄에 해당하는 아담

ibi propter peccatum originale Adae, a quo quantum ad naturam non potuerunt liberari nisi per Christum. Et ideo dimisit ibi illos qui descenderunt cum peccato mortali, et incircumcisos parvulos: et ideo dicit: ero morsus tuus, Inferne. Sic ergo patet quod Christus descendit ad Inferos, et propter quod.

71. Ex iis ad instructionem nostram possumus accipere quatuor.

Primo spem firmam de Deo. Nam quantumcumque homo sit in afflictione, semper tamen debet sperare de Dei adiutorio, et in eo confidere. Nihil enim ita grave invenitur sicut esse in Inferno. Si ergo Christus illos qui erant in Inferno liberavit, multum debet quilibet, si est amicus Dei, confidere ut liberetur ab eo a quacumque angustia. Sap. X, 13: haec (scilicet sapientia) venditum iustum non dereliquit et cetera, ib. 14, descenditque cum illo in foveam, et in vinculis non dereliquit eum. Et quia specialiter Deus iuvat servos suos, multum debet esse securus ille qui servit Deo. Eccli. XXIV, 16: qui timet Deum, nihil trepidabit, et non pavebit, quoniam ipse est spes eius.

의 원죄 때문에 그곳에 있었습니다. 그리고 그리스도께서는 치명적인 죄를 가지고 음부에 내려간 사람들과, 할례 받지 않고 죽은 유아들을 그곳에 내버려두셨습니다. 그러므로 "음부야, 나는 너를 깨물 것이다"라고 말씀하신 것입니다. 이렇게 해서 그리스도께서 음부에 내려가셨다는 것과 무엇 때문에 내려가셨는지가 분명해집니다.

71. 이로부터 우리는 네 가지 교훈을 얻을 수 있습니다.

첫째로 우리는 하나님에 대한 굳건한 소망을 얻을 수 있습니다. 그 이유는 사람은 자신이 당하는 불행이 얼마나 크냐와 상관없이 언제나 하나님의 도우심을 희망하며, 그분을 신뢰해야만 하기 때문입니다. 왜냐하면 음부에 있는 것만큼 가혹한 것은 아무것도 없기 때문입니다. 그러므로 만약 그리스도께서 음부에 있는 자들을 구출하셨다면, 하나님의 친구인 사람은 누구나 어떤 곤경에 처해 있든지 간에 하나님께서 [그를] 구원해 주실 수 있음을 신뢰해야만 합니다. 지혜서 10장 13-14절 말씀입니다. "이것(지혜)은 의인이 팔려 갔을 때에 그를 내버려두지 않았다.…그리고 지혜는 그와 함께 구덩이로 내려갔으며, 사슬에 묶여 있는 그를 버려두지 않았다." 하나님께서는 자신의 종들을 특별히 도우시기 때문에, 하나님을 섬기는 사람은 매우 안전할 수밖에 없습니다. 집회서 24장 16절 말씀입니다. "하나님을 두려워하는 사람은 조금도 흔들리지 않을 것이고, 아무것도 무서워하지 않을 것입니다. 왜냐하면 하나님이 그의 소망이시기 때문입니다."

72. Secundo debemus concipere timorem, et propellere praesumptionem. Nam licet Christus passus sit pro peccatoribus, et ad Infernum descenderit; non tamen liberavit omnes, sed illos tantum qui sine peccato mortali erant, ut dictum est. Illos vero qui in mortali decesserant, dimisit. Et ideo nullus qui cum peccato mortali illuc descendit, speret veniam. Sed tantum in Inferno erit quantum sancti patres in Paradiso, scilicet in aeternum. Matth. XXV, 46: ibunt hi in supplicium aeternum, iusti autem in vitam aeternam.

73. Tertio debemus habere solicitudinem. Nam Christus descendit ad Inferos pro salute nostra, et nos frequenter debemus soliciti esse illuc descendere, considerando scilicet poenas illas, sicut faciebat ille sanctus Ezechias, dicens, Isai. XXXVIII, 10: ego dixi: in dimidio dierum meorum vadam ad portas Inferi. Nam qui ibi frequenter per cogitationem descendit in vita, non descendit de facili in morte: quia huiusmodi consideratio retrahit a peccato. Videmus enim quod homines huius mundi cavent sibi a maleficiis propter temporalem poenam: quantum ergo magis debent

72. 둘째로 우리는 경외심을 가져야 하고 자만한 마음은 물리쳐야 합니다. 왜냐하면 앞에서 말한 대로 그리스도께서 죄인들을 위해 고난을 당하시고 음부에 내려가셨을지라도 모든 이들을 구출하신 것이 아니라 치명적인 죄가 없는 이들만을 구출하셨기 때문입니다. 그분은 치명적인 죄의 상태로 음부에 내려간 사람들은 내버려두셨습니다.[44] 그러므로 치명적인 죄를 가지고 그곳에 내려간 이는 누구도 용서받기를 기대하지 말아야 할 것입니다. 그런 사람은 거룩한 조상들이 낙원에 있는 기간만큼이나, 즉 영원토록 음부에 있게 될 것입니다. 마태복음 25장 46절 말씀입니다. "이들은 영원한 벌에, 의인들은 영원한 생명에 들어갈 것이다."

73. 셋째로 우리는 조심해야 합니다. 그리스도께서 우리를 구원하시기 위해 음부에 내려가셨기 때문에 우리는 그러한 벌을 생각함으로써 음부에 내려가게 될까 자주 조심해야만 합니다. 저 거룩한 히스기야가 이사야 38장 10절에서 그렇게 했던 것처럼 말입니다. "내가 말했습니다. '나의 중년에 나는 음부의 문으로 간다.'" 왜냐하면 살아 있는 동안 생각을 통해 그곳으로 자주 내려가는 사람은 죽음으로 쉽게 내려가지 않기 때문입니다. 이러한 생각은 죄에게서 물러나게끔 하기 때문입니다. 우리는 이 세상 사람들이 일시적인 벌로 인해 악행을 삼가는 것을 봅니다. 그러므로 그들은 시간의 길이에 있어서나 그 가혹함에 있어서나 그 다양성에 있어서나 훨씬 더

---

44 앞의 음부 주석 참조.

sibi cavere propter poenam Inferni, quae maior est et quantum ad diuturnitatem, et quantum ad acerbitatem, et quantum ad multiplicitatem? Eccli. VII, 40: memorare novissima tua, et in aeternum non peccabis.

74. Quarto provenit nobis ex hoc exemplum dilectionis. Christus enim descendit ad Inferos, ut liberaret suos; et ideo debemus illuc descendere, ut subveniamus nostris. Ipsi enim nihil possunt; et ideo debemus eis subvenire qui sunt in Purgatorio. Nimis esset durus qui non subveniret caro suo qui esset

큰 음부의 벌로 인해 얼마나 더 많이 조심해야 하겠습니까? 집회서 7장 40절 말씀입니다. "너의 마지막 때를 기억하여라. 그러면 너는 영원히 죄를 짓지 않을 것이다."(36절)

74. 넷째로 이로부터 우리는 사랑의 모범을 배웁니다. 왜냐하면 그리스도께서 자신의 백성들을 구출하시기 위해 음부에 내려가셨기 때문입니다. 그러므로 우리는 사람들을 돕기 위해서 거기로 내려가야 합니다. 왜냐하면 그들 스스로는 아무것도 할 수 없기 때문입니다. 그러므로 우리는 연옥[45]에 있는 이들을 도와야 합니다. 자기가 사랑하는 사람이 이 땅의 감옥에 있을 때 그를 돕지 않는다면 그는 너무나 냉혹한 사람일 것입니다. 따라서 연옥에 있는 친구를 돕지 않는 사람은 훨씬 더 냉혹합니다. 왜냐하면 이 세상의 벌과 그곳에

---

[45] 연옥은 천국과 지옥의 중간 처소로서 고해성사로 죄와 영원한 벌은 용서받았으나 일시적 벌을 보속하지 못하고 죽은 영혼이 천국에 들어갈 때까지 정화하는 곳이다. 연옥에 대한 관념은 고대 교회서부터 발견되고 '정화하는'(purgatorius)이라는 형용사는 일찍부터 나타났다. 하지만 명사적 형태 '연옥'(Purgatorium)이 처음 나타난 것은 12세기에 이르러서이다. 종교개혁자 가운데 마르틴 루터는 1517년 면벌부 반박 95개 조항을 쓸 당시에는 연옥을 인정하지만, 그 이후에 연옥의 존재를 믿지 않는 사람은 그 누구도 이단이 아니라고 쓴다. 연옥의 존재를 인정하는 신학자들이 성서적 근거로 제시하는 구절은 마카베오하 12:43-45, 마태복음 12장 32절(6세기의 교황 그레고리우스 1세는 이 구절이 연옥을 암시한다고 주장했다), 고린도전서 3장 13절 등이 있다. 아우구스티누스는 연옥 교의의 형성에서 매우 중요한 위치를 차지한다. 그는 정화하는 벌(poena purgatoriae, 『신국론』 XXI, 13, 16), 정화하는 불(ignis purgatorius, 『신앙편람』 69) 등의 표현을 사용하며, 자신의 죽은 어머니를 위해 기도한 『고백록』의 다음 구절은 죽은 이를 위한 중보 기도의 효력을 긍정한 글로 매우 유명하다. 『고백록』 IX, 13, 34-37. 자크 르 고프, 『연옥의 탄생』, 최애리 옮김, 문학과 지성사, 141-152; R. Ombres, "The Doctrine of Purgatory according to St. Thomas Aquinas", *Downside Review*, 99(1981), p. 270-87; id., "Latins and Greeks in Debate over Purgatory, 1230-439", *Journal of Ecclesiastical History* 35(1984); R. Fenn, *The Persistence of Purgatory*, Cambridge University Press, 1995.

in carcere terreno: multo ergo magis est durus qui non subvenit amico qui est in Purgatorio, cum nulla sit comparatio poenarum mundi ad illas: Iob XIX, 21: miseremini mei, miseremini mei, saltem vos amici mei, quia manus domini tetigit me. Machab. XII, 46: sancta et salubris est cogitatio pro defunctis exorare ut a peccatis solvantur.

75. Subvenitur autem eis praecipue per tria, sicut dicit Augustinus: scilicet per Missas, orationes et eleemosynas. Gregorius addit quartum, scilicet ieiunium. Nec est mirum: quia etiam in mundo isto potest amicus satisfacere pro amico. Intelligendum est tamen hoc de illis qui sunt in Purgatorio.

76. Duo sunt homini necessaria ad cognoscendum: scilicet gloria Dei, et poena Inferni. Nam per gloriam allecti, et per poenas territi, cavent sibi homines, et retrahuntur a peccatis. Sed haec sunt valde difficilia

서의 벌은 상대가 되지 않기 때문입니다. 욥기 19장 21절 말씀입니다. "나를 불쌍히 여겨다오, 나를 불쌍히 여겨다오. 최소한 내 친구인 너희들은. 주님의 손이 나를 치셨기 때문이네." 마카베오하 12장 46절 말씀입니다. "죽은 이들이 죄로부터 구원받도록 그들을 위해 간구하는 것은 거룩하고 건전한 생각입니다."

75. 그런데 이러한 일은 아우구스티누스가 말한 대로 주로 세 가지를 통해 그들에게 일어납니다. 즉 미사[46], 기도, 구제를 통해서입니다. 그레고리우스는 여기에 금식을 추가합니다. 심지어 이 세상에서도 사람이 자기 친구를 위해 보속할 수 있는 것은 이상한 일이 아닙니다. 하지만 연옥에 있는 이들과 관련해서 이것을 알아야만 합니다.

76. 사람은 두 가지를 인식할 필요가 있습니다. 즉 하나님의 영광과 음부의 벌입니다. 왜냐하면 사람들은 영광을 통해 이끌리고, 벌을 통해 두려움을 느껴 스스로 조심하고 죄로부터 물러서게 되기 때문입니다. 그러나 이것들은 사람이 인식하기에는 너무나 어려운 것들입니다. 그러므로 영광에 관해서 지혜서 9장 16절에서 말씀하십니다. "하늘에 있는 것들을 누가 탐구할 것인가?" "땅에 속한 이는 땅에 관하여 말한다"라는 요한복음 3장 31절 말씀처럼 땅에 속한 이

---

[46] '미사'(missa)는 성만찬 의식을 지칭한다. 루터는 '미사', 즉 성만찬을 희생제사의 의미로 해석하는 것을 비판했다. WA 6, 364. 성만찬은 하나님이 신자에게 자신을 주시는 것이지, 신자가 하나님께 희생제사를 드리는 것이 아니라는 것이다. 1562년 트리엔트 공의회는 성만찬에서 그리스도가 다시 희생된다는 것을 세심하게 피하고, 그리스도의 희생은 십자가상에서 단번에 드려졌음을 명시한다. DS 1743.

homini ad cognoscendum. Unde de gloria dicitur Sap. IX, 16: quae in caelis sunt quis investigabit? Et hoc quidem difficile est terrenis, quia, ut dicitur Ioan. III, 31: qui de terra est, de terra loquitur; sed non est difficile spiritualibus, quia qui de caelo venit, super omnes est, ut dicitur ibidem. Et ideo Deus de caelo descendit, et incarnatus est, ut doceret nos caelestia.

Erat etiam difficile cognoscere poenas Inferni. Sap. II, 1: non est qui agnitus sit reversus ab Inferis; et hoc dicitur in persona impiorum. Et hoc non potest modo dici: quia sicut descendit de caelo ut doceret caelestia, ita resurrexit ab Inferis ut nos de Inferis edoceret. Et ideo necesse est ut credamus quod non solum homo factus est, et mortuus, sed quod resurrexit a mortuis. Et ideo dicitur: tertia die resurrexit a mortuis.

77. Invenimus quod multi surrexerunt a mortuis, sicut Lazarus, et filius viduae, et filia archisynagogi. Sed resurrectio Christi differt a resurrectione istorum et aliorum in quatuor.

Primo quantum ad causam resurrectionis, quia alii qui surrexerunt, non surrexerunt sua virtute, sed vel

들에게는 이것이 실로 어려운 일입니다. 그러나 같은 곳의 "하늘로부터 오시는 이는 만물 위에 계시나니"라는 말씀처럼 영적인 사람들에게는 이것이 어렵지 않습니다. 그러므로 하나님께서 우리에게 하늘에 속한 것들을 가르쳐주시기 위해 하늘로부터 내려오셨고 성육신하셨습니다.

또한 음부의 벌을 인식하는 것도 어려운 일이었습니다. 지혜서 2장 1절 말씀입니다. "음부로부터 돌아온 사람을 아무도 알지 못한다." 이것은 불경건한 사람이 한 말입니다. 그러나 이제는 이렇게 말할 수 없습니다. 왜냐하면 그리스도께서 하늘에 속한 것을 가르쳐주시기 위해 하늘로부터 내려오셨듯이, 우리에게 음부에 관하여 철저히 가르쳐주시기 위해 음부로부터 다시 일어나셨기 때문입니다. 그러므로 우리는 그리스도께서 사람이 되셨고 죽으셨음을 믿을 뿐만 아니라 죽은 자들 가운데서 다시 사셨다는 것도 반드시 믿어야 합니다. 그러므로 "사흘 만에 죽은 자 가운데서 다시 살아나셨으며"라고 말하는 것입니다.

77. 우리는 나사로, 과부의 아들, 회당장의 딸처럼 많은 사람들이 죽은 자들 가운데서 다시 살아난 것을 발견합니다. 그러나 그리스도의 부활은 이런 이들, 혹은 다른 이들의 부활과는 네 가지 점에서 다릅니다.

첫째, 부활의 원인에 있어서 다릅니다. 다시 살아난 다른 사람들은 자기 자신의 덕으로써 살아난 것이 아니라 그리스도 혹은 어떤 거룩한 사람의 기도로 살아났지만, 그리스도께서는 자신의 덕으로

Christi, vel ad preces alicuius sancti; Christus vero resurrexit propria virtute, quia non solum erat homo: sed etiam Deus, et divinitas verbi nunquam separata fuit nec ab anima nec a corpore; et ideo corpus animam, et anima corpus cum voluit resumpsit. Ioan. X, 18: potestatem habeo ponendi animam meam, et potestatem habeo iterum sumendi eam. Et licet mortuus fuerit, hoc non fuit ex infirmitate nec ex necessitate, sed virtute, quia sponte: et hoc patet, quia cum emisit spiritum, clamavit voce magna: quod alii morientes nequeunt, quia ex infirmitate moriuntur. Unde centurio dixit, Matth. XXVII, 54: vere filius Dei erat iste. Et ideo sicut sua virtute posuit animam suam, ita sua virtute recepit eam: et ideo dicitur, quia resurrexit, et non quod fuerit suscitatus, quasi ab alio. Psal. III, 6: ego dormivi, et soporatus sum, et exsurrexi. Nec est hoc contrarium ei quod dicitur Act. II, 32: hunc Iesum resuscitavit Deus: nam et pater resuscitavit eum, et filius: quia eadem est virtus patris et filii.

78. Secundo differt quantum ad vitam ad quam resurrexit: quia Christus ad vitam gloriosam et

써 부활하셨기 때문입니다. 왜냐하면 그리스도께서는 인간일 뿐만 아니라 하나님이셨으며, 말씀의 신성은 영혼으로부터도 육체로부터도 결코 분리되지 않았기 때문입니다. 그러므로 그가 원하실 때 육체가 영혼을, 영혼은 육체를 다시 취했습니다. 요한복음 10장 18절 말씀입니다. "나는 내 영혼을 내어줄 권세도 있고 다시 얻을 권세도 있다." 그리스도께서는 비록 죽으셨지만 연약하거나 필연적이어서가 아니라 덕에 의해서 그렇게 하신 것이었습니다. 왜냐하면 그 분은 자발적으로 죽으셨기 때문입니다. 그리고 이것은 그가 숨을 거두실 때에 큰 소리로 외치셨다는 것으로 분명합니다. 이것은 다른 사람들은 할 수 없는 것이었습니다. 그들은 연약함 때문에 죽기 때문입니다. 그러므로 마태복음 27장 54절에서 백부장이 말했습니다. "이분은 참으로 하나님의 아들이셨습니다." 따라서 그리스도께서는 자신의 덕으로써 자기 영혼을 내어주셨듯이 자신의 덕으로써 영혼을 다시 받으셨습니다. 그러므로 "그가 다시 살아나셨다"라고 말하지, 마치 다른 사람에 의해 일으켜진 것처럼 말하지 않습니다. 시편 3편 6절 말씀입니다. "나는 누웠고, 그리고 잠들었으며, 그리고 일어났다." 그리고 이것은 사도행전 2장 32절의 말씀, 즉 "하나님께서 이 예수를 다시 일으키셨습니다"와 대립되는 것이 아닙니다. 왜냐하면 아버지도 그를 다시 일으키셨고, 아들도 자신을 다시 일으키셨기 때문입니다. 아버지와 아들의 능력은 같은 것이기 때문입니다.

78. 둘째, 그리스도의 부활은 부활하신 생명에 있어서 다릅니다. 사도가 로마서 6장 4절에서 "그리스도께서는 아버지의 영광으로 말

incorruptibilem: apostolus, Rom. VI, 4: Christus resurrexit a mortuis per gloriam patris; alii vero ad eandem vitam quam prius habuerant, sicut patet de Lazaro et de aliis.

79. Tertio differt quantum ad fructum et efficaciam: quia virtute resurrectionis Christi resurgunt omnes. Matth. XXVII, 52: multa corpora sanctorum quae dormierant, surrexerunt. Apostolus, I Cor. XV, 20: Christus resurrexit a mortuis, primitiae dormientium.

Sed vide quod Christus per passionem pervenit ad gloriam, Luc. XXIV, 26: nonne sic oportuit pati Christum, et ita intrare in gloriam suam? Ut doceat nos qualiter ad gloriam pervenire possimus: Act. XIV, 21: per multas tribulationes oportet nos intrare in regnum Dei.

80. Quarto differt quantum ad tempus: quia resurrectio aliorum differtur usque ad finem mundi nisi aliquibus ex privilegio ante concedatur, ut beatae virgini, et, ut pie creditur, beato Ioanni Evangelistae; sed Christus resurrexit tertia die.

미암아 죽은 자들로부터 부활하셨습니다"라고 말한 것처럼, 그리스도는 영광스러운 불멸의 생명으로 부활하셨습니다. 하지만 다른 부활한 이들은, 나사로와 다른 이들에게서 분명하게 볼 수 있듯이, 그들이 죽기 전에 소유했던 것과 동일한 생명으로 부활하였습니다.

79. 셋째, 그리스도의 부활은 그 열매와 효력에 있어서 [다른 사람들의 부활과] 다릅니다. 다른 모든 이들은 그리스도의 부활의 권능으로 말미암아 부활하기 때문입니다. 마태복음 27장 52절 말씀입니다. "잠들었던 많은 성도들의 몸이 부활했다." 사도는 고린도전서 15장 20절에서 이렇게 말합니다. "그리스도께서는 죽은 자들 가운데서 부활하셔서, 잠든 자들의 첫 열매가 되셨습니다."

하지만 이 점에 주목하십시오. 그리스도께서는 수난을 통해서 영광에 이르셨습니다. 누가복음 24장 26절 말씀입니다. "그리스도께서 자신의 영광에 들어가시기 위해 고난을 겪어야 하지 않겠는가?" 이는 우리가 어떻게 해야 영광에 이를 수 있는지 가르쳐주기 위함입니다. 사도행전 14장 21절 말씀입니다. "우리는 하나님 나라에 들어가기 위해 많은 시련을 겪어야 합니다."

80. 넷째, 그리스도의 부활은 그 시간에 있어서 다릅니다. 사실 다른 이들의 부활은 세상의 종말 때까지 유보되기 때문입니다. 특권으로 미리 부활이 허락되었던 복되신 동정녀와, 사람들이 미리 부활을 경험한 것으로 경건하게 믿어온 복음서 저자인 복되신 요한과 같은 몇몇 사람들을 제외하면 말입니다. 하지만 예수 그리스도께서는 삼일

Cuius ratio est, quia resurrectio et mors et nativitas Christi fuit propter nostram salutem, et ideo tunc voluit resurgere quando salus nostra perficeretur. Unde si statim resurrexisset, non fuisset creditum quod fuisset mortuus. Item si multum distulisset, discipuli non remansissent in fide, et sic nulla utilitas fuisset in passione sua. Psal. XXIX, 10: quae utilitas in sanguine meo, dum descendo in corruptionem? Et ideo die tertia resurrexit, ut crederetur mortuus, et ut discipuli fidem non amitterent.

81. Possumus autem ex his quatuor ad nostram eruditionem accipere.

Primo ut studeamus resurgere spiritualiter a morte animae, quam incurrimus per peccatum, ad vitam iustitiae, quae habetur per poenitentiam. Apostolus, Ephes. V, 14: surge qui dormis, et exurge a mortuis; et illuminabit te Christus. Et haec est resurrectio prima. Apoc. XX, 6: beatus qui habet partem in resurrectione prima.

82. Secundo quod non differamus resurgere usque

만에 부활하셨습니다. 그 이유는 그분의 부활과 죽음과 탄생이 우리의 구원을 위한 것이었기 때문입니다. 그러므로 그분은 우리의 구원이 완성될 때에 맞춰서 부활하시기를 원하셨습니다. 만약 그분이 죽으신 다음 곧바로 부활하셨다면 사람들은 그분이 죽으셨다는 것을 믿지 않았을 것입니다. 마찬가지로 만약 그분이 자신의 부활을 오랫동안 유보했다면 제자들은 믿음 안에 머물러 있지 않았을 것이고, 그래서 그분의 수난은 아무 소용도 없는 것이 되고 말았을 것입니다. 시편 29편 10절[30편 9절] 말씀입니다. "내가 부패의 자리로 내려간다면 내 피가 무슨 소용이 있겠나이까?" 그러므로 그분은 우리가 그분의 죽음을 의심하지 않도록 하시기 위해, 또한 제자들이 믿음을 잃어버리지 않도록 하기 위해 삼일 만에 부활하셨습니다.

81. 방금 예수 그리스도의 부활에 관해 말한 것들로부터 우리는 네 가지 교훈을 얻을 수 있습니다.

첫째로 우리는 죄로 인한 영혼의 죽음으로부터 의로운 생명으로, 영적으로 부활하기 위해 애써야 합니다. 이는 회개를 통해 얻게 됩니다. 사도는 에베소서 5장 14절에서 말씀합니다. "잠자고 있는 이여, 깨어나십시오. 죽은 자들 가운데서 일어나십시오. 그러면 그리스도께서 당신을 비추어주실 것입니다." 그리고 이것은 첫 번째 부활입니다. 요한계시록 20장 6절 말씀입니다. "첫 번째 부활에 참여하는 이는 복되도다."

82. 둘째로 우리는 죽을 때까지 부활을 미루지 말고, 빨리 부활하

ad mortem, sed cito: quia Christus resurrexit tertia die. Eccli. V, 8: ne tardes converti ad dominum, et ne differas de die in diem: quia non poteris cogitare quae pertinent ad salutem infirmitate gravatus; et quia etiam perdis partem omnium bonorum quae fiunt in Ecclesia, et multa mala incurris ex perseverantia in peccato. Diabolus etiam quanto diutius possidet, tanto difficilius dimittit, ut dicit Beda.

83. Tertio ut resurgamus ad vitam incorruptibilem; ut scilicet non iterum moriamur, idest in tali proposito quod ultra non peccemus. Rom. VI, 9: Christus resurgens ex mortuis, iam non moritur; mors illi ultra non dominabitur; et infra, 11-13: ita et vos existimate vos mortuos quidem esse peccato, viventes autem Deo in Christo Iesu. Non ergo regnet peccatum in vestro mortali corpore, ut obediatis concupiscentiis eius; sed neque exhibeatis membra vestra arma iniquitatis peccato; sed exhibete vos Deo tanquam ex mortuis viventes.

도록 애써야 합니다. 그리스도께서 삼일 만에 부활하셨기 때문입니다. 집회서 5장 8절 말씀입니다. "주님께로 회심하는 것을 지체하지 마십시오. 차일피일 미루지 마십시오." 왜냐하면 당신이 연약함으로 인해 짓눌리게 될 때는 구원에 속한 것을 생각할 수 없을 것이기 때문입니다. 그리고 또한 죄 속에 계속 머물러 있게 됨으로써 당신은 교회 안에서 발생하는 모든 복 중 일부분을 잃어버리게 되고, 또한 수많은 악에 빠져들게 됩니다. 게다가, 비드[47]가 말하듯이, 악마는 더 오랫동안 점령한 것에 비례하여 그만큼 더 어렵게 풀어줍니다.

83. 셋째로 우리는 불멸의 생명으로 부활하도록 애써야 합니다. 곧 다시 죽지 않도록 해야 합니다. 다시 말해 더 이상 죄를 짓지 않으려는 의도를 가져야만 합니다. 로마서 6장 9절 말씀입니다. "죽은 자들 가운데서 부활하신 그리스도께서는 더 이상 죽지 않으십니다. 죽음은 더 이상 그분을 지배하지 못할 것입니다." 그리고 이어지는 11절에서 13절 말씀입니다. "이렇게 여러분도 예수 그리스도 안에서 여러분 자신을 죄에 대해서는 죽은 자로, 하나님을 위해서는 산 자로 여기십시오. 그래서 죄가 여러분의 사멸할 육신을 지배하지 않도록 하여 육욕에 굴복하지 않도록 하십시오. 여러분의 지체를 불의의 도구로 죄에 넘겨주지 마십시오. 오히려 여러분 자신을 죽은 자들 가운데서 살아난 자로서 하나님께 바치십시오."

---

47 Bede(672/673-735). 영국의 베네닉트 수도회 소속 수사로서 영국교회사를 썼다.

84. Quarto ut resurgamus ad vitam novam et gloriosam; ut scilicet vitemus omnia quae prius fuerant occasiones et causa mortis et peccati. Rom. VI, 4: quomodo Christus surrexit a mortuis per gloriam patris, ita et nos in novitate vitae ambulemus. Et haec nova vita est vita iustitiae, quae innovat animam, et perducit ad vitam gloriae. Amen.

Articulus 6
Ascendit ad caelos, sedet ad dexteram Dei patris omnipotentis

85. Post Christi resurrectionem oportet credere eius ascensionem, qua in caelum ascendit die quadragesima. Et ideo dicit: ascendit ad caelos.

Circa quod debes notare tria.

Primo scilicet quod fuit sublimis, rationalis, et utilis. Sublimis quidem fuit, quia ascendit ad caelos. Et hoc tripliciter exponitur.

Primo super omnes caelos corporeos. Apostolus, Ephes. IV, 10: ascendit super omnes caelos. Et hoc

84. 넷째로 우리는 새롭고 영광스러운 생명으로 부활하도록 애써야 합니다. 즉 우리는 이전에 죽음과 죄의 기회와 원인이 되었던 모든 것들을 피해야만 합니다. 로마서 6장 4절 말씀입니다. "그리스도께서 아버지의 영광으로 말미암아 죽은 자들 가운데서 부활하신 것처럼, 우리도 이렇게 새로운 생명 안에서 걸어갑시다." 이 새로운 생명은 영혼을 새롭게 하여 영광의 생명으로 인도하는 의로운 생명입니다. 아멘.

6항.
"하늘에 오르시어,
전능하신 아버지 하나님 우편에 앉으시고"

85. 그리스도의 부활 다음에 그분의 승천을 믿어야 합니다. 그분은 사십일 째 되는 날 하늘에 올라가셨습니다. 이 때문에 "그분은 하늘로 올라가셨다"라고 말하는 것입니다.

이에 관해 세 가지를 주목해야 합니다.

첫째로 그리스도의 승천은 숭고하고, 합당하며, 유익하다는 것입니다. 그리스도의 승천은 실로 숭고했습니다. 왜냐하면 그분은 하늘로 올라가셨기 때문입니다. 이것은 세 가지 방식으로 설명될 수 있습니다.

첫째, 그분은 모든 물리적인 하늘 위로 올라가셨습니다. 사도는 에베소서 4장 10절에서 이렇게 말합니다. "그분은 모든 하늘 위로

primo incepit in Christo: nam antea corpus terrenum non erat nisi in terra, intantum ut etiam Adam fuerit in Paradiso terrestri.

Secundo ascendit super omnes caelos spirituales, scilicet naturas spirituales. Ephes. I, 20: constituens Iesum ad dexteram suam in caelestibus super omnem principatum et potestatem et virtutem et dominationem, et omne nomen quod nominatur non solum in hoc saeculo, sed etiam in futuro; et omnia subiecit sub pedibus eius.

Tertio ascendit usque ad sedem patris. Dan. VII, 13: ecce cum nubibus caeli quasi filius hominis veniebat, et usque ad antiquum dierum pervenit; et Marc. ult., 19: et dominus quidem Iesus, postquam locutus est eis, assumptus est in caelum, et sedet a dextris Dei.

86. Non autem accipitur in Deo dextera corporaliter, sed metaphorice: quia inquantum Deus, dicitur sedere ad dexteram patris, idest ad aequalitatem patris; inquantum homo, sedet ad dexteram patris, idest in potioribus bonis. Hoc autem affectavit Diabolus. Isai. XIV, 13: in caelum conscendam, super astra Dei exaltabo solium meum; sedebo in monte

올라가셨습니다." 그리고 이것은 그리스도에게서 처음으로 시작되었습니다. 왜냐하면 이전에는 지상의 육신은 오직 땅 위에만 있었기 때문입니다. 그래서 심지어 아담도 지상의 낙원에 있었던 것입니다.

둘째, 그리스도께서는 모든 영적인 하늘, 즉 모든 영적인 본질 위로 올라가셨습니다. 에베소서 1장 20-22절 말씀입니다. "[아버지께서는] 예수를 하늘에서 자기 우편에 두시고, 모든 통치와 권세와 능력과 주권과 이 세상뿐만 아니라 다가올 세상의 모든 이름 위에 두셨고, 이 모든 것을 그의 발아래 두셨습니다."

셋째, 그리스도께서는 아버지의 보좌에까지 올라가셨습니다. 다니엘 7장 13절 말씀입니다. "보라, 그분은 하늘의 구름과 함께 인자로서 오셨고, 옛적부터 계신 분에까지 이르셨도다." 또한 마가복음 마지막 장의 19절 말씀입니다. "주 예수께서는 그들에게 말씀하신 후에 하늘로 오르셨고, 하나님의 오른편에 앉아계십니다."

86. 그런데 하나님의 오른편은 물리적으로가 아니라 은유적인 의미로 이해됩니다. 하나님으로서의 그리스도께서 아버지의 오른편에 앉으신다는 것은 아버지와 동등하다는 것을 말합니다. 인간으로서의 그리스도가 아버지의 우편에 앉으신다는 것은 보다 나은 선을 누리신다는 것을 말합니다. 그런데 악마는 바로 이것을 갈망했습니다. 이사야 14장 13절 말씀입니다. "나는 하늘 위로 올라갈 것이고, 내 보좌를 하나님의 별들보다 더 높은 곳에 둘 것이며, 북쪽 언약의 산 위에 앉을 것이고, 구름의 정상에 오를 것이며, 지극히 높으신

testamenti, in lateribus Aquilonis; ascendam super altitudinem nubium, similis ero altissimo. Sed non pervenit nisi Christus; ideo dicitur: ascendit in caelum, sedet ad dexteram patris. Psal. CIX, 1: dixit dominus domino meo: sede a dextris meis.

87. Secundo Christi ascensio fuit rationalis, quia ad caelos: et hoc propter tria. Primo quia caelum debebatur Christo ex sua natura. Naturale enim est ut unumquodque revertatur unde trahit originem. Principium autem originis Christi est a Deo, qui est super omnia. Ioan. XVI, 28: exivi a patre, et veni in mundum: iterum relinquo mundum, et vado ad patrem. Ioan. III, 13: nemo ascendit in caelum, nisi qui descendit de caelo, filius hominis qui est in caelo. Et licet sancti in caelum ascendant, non tamen sicut Christus: quia Christus sua virtute, sancti vero attracti a Christo. Cant. I, 3: trahe me post te. Vel potest dici quia nemo ascendit in caelum nisi Christus: quia sancti non ascendunt nisi inquantum sunt membra Christi, qui est caput Ecclesiae. Matth. XXIV, 28: ubicumque fuerit corpus, illuc congregabuntur et aquilae.

Secundo debebatur Christo caelum ex sua victoria.

분처럼 되리라." 하지만 그리스도만이 이런 경지에 도달하셨습니다. 그러므로 우리는 "그분은 하늘에 오르시어, 아버지 오른편에 앉아계신다"라고 말하는 것입니다. 시편 109[110]편 1절 말씀입니다. "주님께서 내 주님께 말씀하셨다. 내 오른편에 앉으라."

87. 둘째로 그리스도의 승천은 합당한 것이었습니다. 그분은 하늘로 올라가셨기 때문입니다. 이것은 세 가지 이유에서 그렇습니다.

첫째, 하늘은 그 본성상 그리스도께 속한 것이었습니다. 각각의 존재가 그것이 비롯되는 곳으로 되돌아가는 것은 본성에 부합하는 것이기 때문입니다. 그런데 그리스도의 기원의 원리는 만물 위에 계시는 하나님에게서 비롯됩니다. 요한복음 16장 28절 말씀입니다. "나는 아버지에게서 나와서 세상에 왔다. 이제 나는 세상을 떠나서 아버지에게로 간다." 요한복음 3장 13절 말씀입니다. "하늘에서 내려온 자, 하늘에 있는 인자가 아니고서는 아무도 하늘에 올라가지 못하였다." 성도도 하늘에 올라가기는 하지만, 그들은 그리스도처럼 올라가지는 않습니다. 그리스도께서는 자기 자신의 고유한 힘으로 하늘에 올라가셨지만, 성인들은 그리스도에게 이끌려 하늘에 올라갑니다. 아가 1장 3절 말씀입니다. "나를 당신 뒤로 이끄소서." 혹은 그리스도 외에는 그 누구도 하늘에 올라간다고 말할 수 없습니다. 성도들은 교회의 머리이신 그리스도의 지체가 아니고서는 하늘에 올라가지 못하기 때문입니다. 마태복음 24장 28절 말씀입니다. "시체가 있는 곳은 어디든지 그곳에는 독수리들도 모여들 것이다."

둘째, 하늘은 그리스도의 승리로 말미암아 그분에게 속한 것이었

Nam Christus est in mundum missus ad pugnandum contra Diabolum, et vicit eum; et ideo meruit exaltari super omnia. Apoc. III, 21: ego vici, et sedi cum patre meo in throno eius.

Tertio ex sui humilitate. Nulla enim humilitas est ita magna sicut humilitas Christi, qui cum esset Deus, voluit fieri homo, et cum esset dominus, voluit formam servi accipere, factus obediens usque ad mortem, ut dicitur Phil. II, et descendit usque ad Infernum: et ideo meruit exaltari usque ad caelum ad sedem Dei. Nam humilitas via est ad exaltationem: Luc. XIV, 11: qui se humiliat, exaltabitur; Ephes. IV, 10: qui descendit, ipse est et qui ascendit super omnes caelos.

88. Tertio Christi ascensio fuit utilis; et hoc quantum ad tria.

Primo quantum ad ductum: nam ad hoc ascendit ut nos duceret. Nos enim nesciebamus viam, sed ipse ostendit: Mich. II, 13: ascendit, iter pandens ante

습니다. 왜냐하면 그리스도께서는 악마와 맞서 싸우시기 위해 세상으로 파송되셨고, 악마를 이기셨기 때문입니다. 그리하여 그분은 만물 위에 높임을 받으실 자격을 얻으셨습니다. 요한계시록 3장 21절 말씀입니다. "나는 승리하였다. 그리고 내 아버지와 함께 그분의 보좌에 앉았다."

셋째, 그리스도의 승천은 그분의 겸손으로 인해 합당한 것이었습니다. 사실상 그 어떤 겸손도 그리스도의 겸손처럼 그렇게 위대하지는 않습니다. 그분은 하나님이셨음에도 불구하고 사람이 되기를 원하셨기 때문입니다. 또한 빌립보서 2장의 말씀처럼 그분은 주님이셨지만 종의 형상을 취하기를 원하셨고, 죽기까지 순종하셨으며, 음부에까지 내려가셨기 때문입니다. 그러므로 그분은 하늘에, 하나님의 보좌에 이르기까지 높임을 받으실 만하셨습니다. 왜냐하면 겸손은 높임으로 이끄는 길이기 때문입니다. 누가복음 14장 11절 말씀입니다. "자신을 낮추는 사람은 높아질 것이다." 에베소서 4장 10절 말씀입니다. "내려가신 분, 바로 그분이 모든 하늘 위로 올라가신 분이십니다."

88. 셋째로 그리스도의 승천은 유익했습니다. 그리고 이것은 세 가지 점에서 그러합니다.

첫째, 그리스도의 승천은 인도한다는 점에서 유익했습니다. 그리스도는 우리를 인도하시기 위해 하늘로 올라가셨습니다. 우리 스스로는 그 길을 알지 못했기 때문에 그분 자신이 보여주셨습니다. 미가 2장 13절 말씀입니다. "그분은 그들 앞에 길을 열어주시면서

eos. Et ut nos securos redderet de possessione regni caelestis: Ioan. XIV, 2: vado parare vobis locum.

Secundo quantum ad securitatem. Ad hoc enim ascendit ut interpellaret pro nobis: Hebr. VII, 25: accedens per semetipsum ad Deum semper vivens ad interpellandum pro nobis; I Ioan. II, 1: advocatum habemus apud patrem Iesum Christum.

Tertio ut ad se corda nostra traheret. Matth. VI, 21: ubi est thesaurus tuus, ibi est et cor tuum; ut contemnamus temporalia: apostolus, Coloss. III, 1: si consurrexistis cum Christo, quae sursum sunt quaerite ubi Christus est in dextera Dei sedens; quae sursum sunt sapite, non quae super terram.

올라가셨다." 또한 그분은 우리에게 천국을 소유하리라는 확신을 주시기 위해서 하늘로 올라가셨습니다. 요한복음 14장 2절 말씀입니다. "나는 너희를 위해 자리를 준비하러 간다."

둘째, 그리스도의 승천은 우리의 안전을 위해 유익했습니다. 그리스도는 우리를 위해 탄원하시기 위해서 하늘에 올라가셨습니다. 히브리서 7장 25절 말씀입니다. "그분은 스스로 하나님께로 가까이 가셨고, 우리를 위해 중보하시기 위해 언제나 살아계십니다." 요한1서 2장 1절 말씀입니다. "우리는 하나님 곁에 변호사인 예수 그리스도를 가지고 있습니다."

셋째, 그리스도의 승천은 우리의 마음을 그분 자신에게로 끌어당기는 점에서 유익했습니다. 마태복음 6장 21절 말씀입니다. "네 보물이 있는 곳에, 네 마음이 있느니라." 또한 그리스도의 승천은 우리가 일시적인 것들을 경멸하도록 하는 점에서 유익했습니다. 사도는 골로새서 3장 1절에서 말합니다. "여러분이 그리스도와 함께 부활했다면 위에 있는 것들을 추구하십시오. 그곳에는 그리스도께서 하나님 우편에 앉아 계십니다. 땅 위에 있는 것들이 아니라 위에 있는 것들을 맛보십시오."

Articulus 7
Inde venturus est iudicare
vivos et mortuos

89. Ad officium regis et domini spectat iudicare. Prov. XX, 8: rex qui sedet in solio iudicii, dissipat omne malum intuitu suo. Quia ergo Christus ascendit in caelum, et sedet ad dexteram Dei sicut dominus omnium, manifestum est quod spectat ad eum iudicium. Et ideo in regula Catholicae fidei confitemur quod venturus est iudicare vivos et mortuos.

Hoc etiam dixerunt Angeli Act. I, 11: hic Iesus, qui assumptus est a vobis in caelum, sic veniet quemadmodum vidistis eum euntem in caelum.

90. Sunt autem tria consideranda de hoc iudicio.

Primum est forma iudicii; secundum est quod iudicium hoc est timendum; tertium est qualiter praeparemus nos ad hoc iudicium.

Quo ad formam iudicii tria concurrunt: scilicet quis sit iudex, qui iudicandi, et de quibus sit.

7항.
"그곳으로부터 산 자와 죽은 자를 심판하러 오실 것입니다."

89. 심판하는 것은 왕과 주인의 직무에 속합니다. 잠언 20장 8절 말씀입니다. "심판의 보좌에 앉은 임금은 그 시선으로 모든 악을 흩으신다." 그러므로 그리스도께서 하늘에 올라가셨고 모든 피조물들의 주님으로서 하나님 우편에 앉으셨기 때문에 심판이 그분께 속한다는 것은 분명합니다. 이런 이유로 우리는 보편적인 신앙의 규범에서 "그는 산 자와 죽은 자를 심판하러 오실 것입니다"라고 고백하는 것입니다.

천사들도 이것을 말했습니다. 사도행전 1장 11절 말씀입니다. "너희 가운데서 하늘로 올려지신 이 예수께서는 너희들이 그가 하늘로 가는 것을 본 그대로 오실 것이다."

90. 이 심판에 관하여 세 가지를 고려해야 합니다.

첫째는 심판의 형태요, 둘째는 이 심판을 두려워해야 한다는 것이요, 셋째는 이 심판을 위해 우리 자신을 어떻게 준비해야 하는가 하는 것입니다.

심판의 형태와 관련하여 세 가지 문제가 함께 제기됩니다. 심판자는 누구인가? 심판받아야 하는 사람은 누구인가? 심판의 내용은 무엇인가?

91. Christus autem est iudex. Act. X, 42: ipse est qui constitutus est a Deo iudex vivorum et mortuorum: sive accipiamus per mortuos peccatores, et per vivos recte viventes; sive per vivos ad litteram illos qui tunc vivent, et per mortuos omnes qui mortui sunt. Est autem iudex non solum inquantum Deus, sed etiam inquantum homo: et hoc propter tria.

Primo quia necessarium est ut iudicandi iudicem videant. Divinitas autem est ita delectabilis quod nullus potest sine gaudio eam videre; et ideo nullus damnatus poterit eam videre, quia tunc gauderet. Et ideo necesse est ut appareat in forma hominis, ut ab omnibus videatur. Ioan. V, 27: potestatem dedit ei iudicium facere, quia filius hominis est.

Secundo quia ipse meruit hoc officium, secundum quod homo. Ipse enim secundum quod homo, fuit iniuste iudicatus, et ex hoc Deus fecit eum iudicem totius mundi. Iob XXXVI, 17: causa tua quasi impii iudicata est: causam iudiciumque recipies.

Tertio ut cesset desperatio ab hominibus, si ab homine iudicantur. Si enim solus Deus iudicaret, homines territi desperarent. Luc. XXI, 27: videbunt filium hominis venientem in nube. Iudicandi vero

91. 그런데 그리스도께서 심판자이십니다. 사도행전 10장 42절 말씀입니다. "바로 그분이 하나님께서 산 자와 죽은 자의 심판자로 세우신 분입니다." 우리는 죽은 자를 죄인으로, 산자를 의인으로 이해할 수도 있고, 혹은 산 자를 문자 그대로 그때(심판의 날)에 살아 있는 자로, 죽은 자를 죽은 모든 이로 이해할 수도 있습니다. 그런데 그리스도는 단지 하나님으로서뿐만 아니라 사람으로서도 심판자이십니다. 이것은 세 가지 이유에서 그러합니다.

첫째로 심판받는 이들은 심판자를 보는 것이 필요합니다. 하지만 신성은 지극한 기쁨을 주는 것이기 때문에 그 누구도 기쁨이 없이는 신성을 볼 수 없습니다. 그러므로 단죄를 받은 사람은 그 누구도 신성을 볼 수 없을 것입니다. 왜냐하면 신성을 보게 되면 기쁨을 누릴 것이기 때문입니다. 그러므로 심판자가 모든 사람들에게 보이기 위해서, 사람의 형상으로 나타나실 필요가 있습니다. 요한복음 5장 27절 말씀입니다. "그(아버지)는 그(아들)에게 심판할 권능을 주셨다. 그것은 인자에게 속한 일이기 때문이다."

둘째로 그리스도 자신은 사람으로서 이 직무를 맡으실 자격이 있었습니다. 왜냐하면 그분은 사람으로서 불의하게 심판받으셨고, 이로 인해 하나님은 그분을 온 세상의 심판자로 삼으셨기 때문입니다. 욥기 36장 17절 말씀입니다. "너의 송사는 불경건한 사람의 송사처럼 재판을 받았다. 너는 송사와 재판을 받을 것이다."

셋째로 사람들의 절망을 그치도록 하기 위함입니다. 왜냐하면 만일 오직 하나님 홀로 심판하신다면, 사람들은 두려워하면서 절망할 것이기 때문입니다. 누가복음 21장 27절 말씀입니다. "그들은 인

sunt omnes qui sunt, fuerunt et erunt. Apostolus, II Cor. V, 10: omnes nos manifestari oportet ante tribunal Christi, ut referat unusquisque propria corporis, prout gessit, sive bonum sive malum.

92. Est autem, sicut dicit Gregorius, quadruplex differentia inter iudicandos. Aut enim iudicandi sunt boni aut mali.

Malorum autem quidam condemnabuntur, sed non iudicabuntur; sicut infideles; quorum facta non discutientur, quia qui non credit iam iudicatus est, ut dicitur Ioan. III, 18. Quidam vero condemnabuntur et iudicabuntur, sicut fideles, qui decesserunt cum peccato mortali. Apostolus, Rom. VI, 23: stipendia peccati mors: non enim excludentur a iudicio propter fidem quam habuerunt.

93. Bonorum etiam quidam salvabuntur et non iudicabuntur, pauperes scilicet spiritu propter Deum; quinimmo alios iudicabunt. Matth. XIX, 28: vos qui secuti estis me, in regeneratione, cum sederit filius hominis in sede maiestatis suae, sedebitis et

자가 구름 속에 오시는 것을 볼 것이다." 존재하는, 존재했던, 존재할 모든 이들이 심판을 받아야 합니다. 고린도후서 5장 10절 말씀입니다. "우리 모두는 가자 육신으로 행한 선행과 악행에 따라 각자의 것을 받기 위해 그리스도의 심판대 앞에 나타나야 합니다."

92. 그레고리우스[48]가 말하는 것처럼, 심판을 받아야 하는 이들 사이에는 네 가지 차이가 존재합니다. 심판을 받아야 하는 이들은 선하거나 악합니다.

악한 이들 중에서 어떤 이들은 단죄를 받겠지만 심판을 받지는 않을 것입니다. 불신자들과 같은 사람들이 그러할 것입니다. 그들의 행위는 심문을 거치지 않을 것입니다. 요한복음 3장 18절 말씀입니다. "믿지 않는 이는 이미 심판받았다." 그러나 어떤 이들은 단죄도 받을 것이고 심판도 받을 것입니다. 치명적인 죄를 가지고 죽은 신자들과 같은 사람들이 그러할 것입니다. 로마서 6장 23절 말씀입니다. "죄의 삯은 죽음이다." 그들은 자신들이 가졌던 신앙 때문에 심판에서 제외되지는 않을 것입니다.

93. 선한 이들 중에 어떤 이들은 구원을 받을 것이지만 심판을 받지는 않을 것입니다. 하나님으로 인해 영적으로 가난한 사람들이 그러할 것입니다. 더욱이 그들은 다른 이들을 심판할 것입니다. 마태복음 19장 28절 말씀입니다. "새롭게 될 때, 인자가 자신의 위엄

---

48 그레고리우스(Gregory I, c. 540-604)는 590년에 교황이 되었으며 그의 욥기에 대한 도덕적 주석은 중세시대에 엄청난 인기를 누렸다.

vos super sedes duodecim, iudicantes duodecim tribus Israel: quod quidem non solum intelligitur de discipulis, sed etiam de omnibus pauperibus; alias Paulus, qui plus aliis laboravit, non esset de numero illorum. Et ideo intelligendum est etiam de omnibus sequentibus apostolos, et de apostolicis viris. Ideo apostolus, I Cor. VI, 3: (an) nescitis quoniam Angelos iudicabimus? Isai. III, 14: dominus ad iudicium veniet cum senibus populi sui et principibus eius.

Quidam autem salvabuntur et iudicabuntur, scilicet morientes in iustitia. Licet enim in iustitia decesserint, in occupatione tamen temporalium in aliquo lapsi sunt; et ideo iudicabuntur sed salvabuntur. Iudicabuntur autem de omnibus factis, bonis et malis. Eccle. XI, 9: ambula in viis cordis tui (...) et scito quod pro omnibus his adducet te Deus in iudicium. Eccli. XII, 14: cuncta quae fiunt, adducet Deus in iudicium pro omni errato, sive bonum sive malum sit. De verbis etiam otiosis: Matth. XII, 36: omne verbum otiosum quod locuti fuerint homines, reddent rationem de eo in die iudicii. De cogitationibus: Sap. I, 9: in cogitationibus impii interrogatio erit.

있는 보좌에 앉을 때, 나를 따른 너희들도 이스라엘의 열두 지파를 심판하기 위해 열두 보좌에 앉을 것이다." 이 말씀은 제자들뿐만 아니라 모든 가난한 이들에 관한 것으로 이해됩니다. 그렇지 않다면, 다른 모든 이들보다 더 많이 일한 바울은 그들의 수에 속하지 않게 될 것입니다. 따라서 심지어 사도들을 추종한 모든 이들과 사도적인 사람들에 관한 것으로 이해되어야 합니다. 고린도전서 6장 3절 말씀입니다. "우리가 천사들을 심판할 것이라는 것을 여러분은 모르십니까?" 이사야 3장 14절 말씀입니다. "주님께서 자기 백성의 원로들과 군주들과 함께 심판하시러 오실 것이다."

그러나 어떤 이들은 구원을 받겠지만 심판도 받게 될 것입니다. 의로운 상태에서 죽은 이들이 그들입니다. 왜냐하면 그들은 비록 의로운 상태에서 죽긴 했지만, 세상의 일을 하던 중 어떤 점에서 잘못을 저질렀기 때문입니다. 따라서 그들은 심판을 받지만 구원을 얻을 것입니다. 그러나 사람들은 그들의 모든 선행과 악행에 대해서 심판을 받을 것입니다. 전도서 11장 9절 말씀입니다. "네 마음의 길을 걸어가라.…그리고 이 모든 일에 대해 하나님께서 심판하시기 위해 너를 소환할 것임을 알라." 또한 전도서 12장 14절 말씀입니다. "하나님께서는 행해진 모든 일을, 그것이 선한 일이든 악한 일이든, 모든 과오에 대해서 심판하실 것이다." 심지어 한가한 말들에 대해서도 심판하실 것입니다. 마태복음 12장 36절 말씀입니다. "사람들은 그들이 말한 모든 한가한 말에 대해서도 심판 날에 셈을 하게 될 것이다." 생각에 대해서도 그러할 것입니다. 지혜서 1장 9절 말씀입니다. "불경건한 자들의 생각들에 대해서 심문이 있을 것이다."

Et sic patet forma iudicii.

94. Est autem iudicium illud timendum propter quatuor.

Primo propter iudicis sapientiam. Scit enim omnia, et cogitationes et locutiones et operationes: quoniam omnia nuda et aperta sunt oculis eius, ut dicitur Hebr. IV, 13. Prov. XVI, 2: omnes viae hominum patent oculis eius. Ipse etiam scit verba nostra: Sap. I, 10: auris zeli audit omnia. Item cogitationes nostras: Ierem. XVII, 9: pravum est cor hominis et inscrutabile: quis cognoscet illud? Ego dominus scrutans corda et probans renes, qui do unicuique iuxta viam suam, et iuxta fructum adinventionum suarum. Ibi erunt testes infallibiles, scilicet propriae hominum conscientiae: apostolus, Rom. II, 15-16: testimonium reddente illis conscientia ipsorum, et inter se invicem cogitationum accusantium, aut etiam defendentium in die cum iudicabit Deus occulta hominum.

95. Secundo propter iudicis potentiam, quia omnipotens est in se. Isai. XL, 10: ecce dominus Deus in fortitudine veniet. Item omnipotens est in aliis, quia omnis creatura erit cum eo. Sap. V, 21: pugnabit

이렇게 해서 심판의 형태는 분명합니다.

94. 그런데 우리는 네 가지 이유로 인해 저 심판을 두려워해야 합니다.

첫째로 심판자의 지혜 때문입니다. 실제로 심판자는 모든 것을, 생각과 말과 행위를 아십니다. 히브리서 4장 13절에서 말하는 것처럼 "모든 것이 벌거벗겨져 그의 눈앞에 드러납니다." 잠언 16장 2절 말씀입니다. "사람의 모든 길이 그분의 눈에 명백히 드러납니다." 그분은 또한 우리의 모든 말을 아십니다. 지혜서 1장 10절 말씀입니다. "열성적인 귀는 모든 것을 듣습니다." 또한 주님은 우리의 생각도 아십니다. 예레미야 17장 9절 말씀입니다. "사람의 마음은 왜곡되고 헤아릴 수 없으니, 누가 그것을 알리오? 나 주는 마음을 살피며 그 속을 시험하고, 각자에게 그가 걸어온 길, 그가 발견한 열매에 따라 주는 이다." 또한 거기에는 틀림없는 증인이 있으니, 바로 사람들의 고유한 양심입니다. 로마서 2장 15-16절 말씀입니다. "하나님께서 사람들의 숨겨진 것을 심판하실 날에, 그들의 양심이 증언을 하여, 그들을 고발하거나 혹은 변호하는 생각들을 통해 증언할 것입니다."

95. 둘째로 심판자의 능력 때문입니다. 그분은 스스로 전능하신 분이시기 때문입니다. 이사야 40장 10절 말씀입니다. "보라, 주 하나님께서 강한 모습으로 오실 것이다." 또한 그분은 다른 이들에 대해서도 전능하십니다. 피조물 전체가 그분과 함께 있을 것이기 때문

cum illo orbis terrarum contra insensatos; et ideo dicebat Iob X, 7: cum sit nemo qui de manu tua possit eruere. Psal. CXXXVIII, 8: si ascendero in caelum, tu illic es; si descendero in Infernum, ades.

96. Tertio propter iudicis inflexibilem iustitiam. Nunc enim est tempus misericordiae; sed tempus futurum erit solum tempus iustitiae: et ideo nunc est tempus nostrum, sed tunc erit solum tempus Dei. Psal. LXXIV, 3: cum accepero tempus, ego iustitias iudicabo. Prov. VI, 34: zelus et furor viri non parcet in die vindictae, nec acquiescet cuiusquam precibus, nec suscipiet pro redemptione dona plurima.

97. Quarto propter iudicis iram. Aliter enim apparebit iustis, quia dulcis et delectabilis: Isai. XXXIII, 17: regem in decore suo videbunt; aliter malis, quia iratus et crudelis, intantum ut dicant montibus: cadite super nos, et abscondite nos ab ira agni, ut dicitur Apoc. VI, 16. Haec autem ira non dicit in Deo commotionem animi, sed effectum irae, poenam scilicet peccatoribus inflictam, scilicet aeternalem.

입니다. 지혜서 5장 21절 말씀입니다. "지구 전체가 그분과 함께 어리석은 자들에게 맞서 싸울 것이다." 바로 이 때문에 욥기 10장 7절은 말했습니다. "어느 누구도 당신 손에서 벗어날 수 없습니다." 시편 138[139]편 8절 말씀입니다. "내가 하늘에 올라가도 당신은 거기에 계시고, 내가 음부에 내려가도 당신은 거기에도 계십니다."

96. 셋째로 심판자의 불굴의 정의 때문입니다. 사실 지금은 자비의 시간이지만, 미래의 때는 오직 정의의 시간일 것입니다. 그리고 이런 이유로 지금은 우리에게 속한 시간이지만, 그때는 오직 하나님의 시간일 것입니다. 시편 74편 3절[75편 3절] 말씀입니다. "내가 시간을 취할 때에, 나는 정의롭게 심판할 것이다." 잠언 6장 34-35절 말씀입니다. "복수의 날에, 그 남자의 열의와 분노는 아낌이 없을 것이고, 그는 누구의 기도도 듣지 않을 것이며, 죄인의 대속을 위한 수많은 선물도 받지 않을 것이다."

97. 넷째로 심판자의 분노 때문입니다. 물론 심판자는 의인들에게는 달리 나타날 것입니다. 왜냐하면 의인들에게는 온화하고 즐거운 모습으로 나타날 것이기 때문입니다. 이사야서 33장 17절 말씀입니다. "그들은 아름답게 장식한 임금을 볼 것이다." 그분은 악인들에게는 다른 모습으로 나타날 것입니다. 왜냐하면 요한계시록 6장 16절에서 말하는 것처럼, 그들이 산을 향해서 "우리들 위로 떨어져 다오, 우리를 어린 양의 분노에서 숨겨다오"라고 말할 만큼 분노하고 무정한 모습으로 나타날 것이기 때문입니다. 하지만 이 분노는

Origenes: quam angustae erunt peccatoribus viae in iudicio. Desuper erit iudex iratus, et cetera.

98. Contra autem hunc timorem debemus quatuor habere remedia.

Primum est bona operatio. Apostolus, Rom. XIII, 3: vis non timere potestatem? Bonum fac, et habebis laudem ex illa.

Secundum est confessio et poenitentia de commissis: in qua tria debent esse: scilicet dolor in cogitatione, pudor in confessione, et acerbitas in satisfactione: quae quidem expiant poenam aeternam.

Tertium est eleemosyna, quae omnia mundat. Luc. XVI, 9: facite vobis amicos de mammona iniquitatis, ut, cum defeceritis, recipiant vos in aeterna tabernacula.

Quartum est caritas, scilicet amor Dei et proximi: quae quidem caritas operit multitudinem peccatorum, ut dicitur I Petr. IV, et Prov. X.

하나님 안에 영혼의 동요가 있다는 것을 말하지 않고, 분노의 결과, 즉 죄인들에게 가해질 영원한 벌을 말합니다. 오리게네스는 말합니다. "심판의 날에 죄인들의 길은 얼마나 좁을 것인가! 위에서 심판자는 분노할 것이며, 등등."

98. 우리는 이 심판의 두려움에 대해 네 가지 치유책을 가져야 합니다.

첫 번째 치유책은 선한 행위입니다. 사도는 로마서 13장 3절에서 말합니다. "당신은 권세를 두려워하지 않기를 원하십니까? 선을 행하십시오. 그러면 당신은 그것으로 인해 칭송을 받을 것입니다."

두 번째 치유책은 우리가 범한 죄들을 고백하고 참회하는 것입니다. 이를 위해서는 세 가지가 필요합니다. 즉 죄를 생각할 때 느끼는 고통, 고백을 할 때 느끼는 부끄러움, 보속을 할 때의 엄격함이 그것입니다. 이것들은 참으로 영벌을 속죄합니다.[49]

세 번째 치유책은 모든 것을 깨끗하게 하는 자선입니다. 누가복음 16장 9절 말씀입니다. "부정한 돈으로 친구를 사귀어라. 너희들이 빈궁하게 될 때 그들이 너희를 영원한 거처에 받아들이도록."

네 번째 치유책은 사랑, 즉 하나님과 이웃에 대한 사랑입니다. 베드로전서 4장 8절과 잠언 10장 12절이 말하는 것처럼 이 사랑은 진실로 많은 죄를 덮습니다.

---

49 고해성사를 구성하는 세 가지 요소를 언급하고 있다. 즉 죄를 생각할 때 느끼는 고통, 즉 통회(contritio), 죄의 고백(confessio), 그리고 죄의 해악을 보상하기 위한 보속(satisfactio)이 그것이다. 루터의 면벌부 반박 95개조에도 이 세 가지 요소가 나온다.

Articulus 8
Credo in spiritum sanctum

99. Sicut dictum est, verbum Dei est filius Dei, sicut verbum hominis est conceptio intellectus. Sed quandoque homo habet verbum mortuum, scilicet quando homo cogitat quae debet facere, sed tamen voluntas faciendi non adest ei; sicut quando homo credit et non operatur, fides eius dicitur mortua, ut dicitur Iac. II. Verbum autem Dei est vivum. Hebr. IV, 12: vivus est enim sermo Dei; et ideo necesse est quod Deus habeat secum voluntatem et amorem. Unde Augustinus in Lib. de Trin.: verbum quod insinuare intendimus, cum amore notitia est. Sicut autem verbum Dei est filius Dei, ita amor Dei est spiritus sanctus. Et inde est quod tunc homo habet spiritum sanctum, quando diligit Deum. Apostolus, Rom. V, 5: caritas Dei diffusa est in cordibus nostris per spiritum sanctum, qui datus est nobis.

100. Fuerunt autem aliqui qui male sentientes de spiritu sancto, dixerunt quod erat creatura, et

8항.
"나는 성령을 믿습니다."

99. 이미 말한 것처럼, 사람의 말이 지성의 잉태이듯이, 하나님의 말씀은 하나님의 아들입니다. 하지만 사람은 종종 죽은 말을 가집니다. 즉 사람이 해야 할 것에 대해 생각하면서도 그것을 성취하려는 의지를 가지고 있지 않을 때 그러합니다. 야고보서 2장 26절에서 사람이 신앙을 갖고는 있지만 행하지 않을 때, 그의 신앙은 죽은 것이라고 말하는 것과 같습니다. 하지만 하나님의 말씀은 살아 있습니다. 히브리서 4장 12절 말씀입니다. "하나님의 말씀은 살아 있습니다." 그러므로 하나님이 의지와 사랑을 소유하고 계신다는 것은 필연적입니다. 그러므로 아우구스티누스는 그의 저작 『삼위일체에 관하여』에서 이렇게 말합니다. "우리가 어떤 것을 의미하려고 뜻하는 말은 사랑을 동반한 지식입니다."[50] 그런데 하나님의 말씀이 하나님의 아들이듯이, 하나님의 사랑은 성령입니다. 그래서 사람은 하나님을 사랑할 때, 성령을 소유합니다. 로마서 5장 5절 말씀입니다. "하나님의 사랑이 우리에게 주신 성령을 통하여 우리 마음 안에 부어졌습니다."

100. 그런데 성령에 관해 잘못 생각하여 성령은 피조물이었고, 아버지와 아들보다 열등했으며, 하나님의 종이고 봉사자라고 말한 이

---

50 아우구스티누스, 『삼위일체에 관하여』 IX, 10.

quod erat minor patre et filio, et quod erat servus et minister Dei. Et ideo sancti ad removendum hos errores addiderunt quinque verba in alio symbolo de spiritu sancto.

101. Primum est, quod licet sint alii spiritus, scilicet Angeli, sunt tamen ministri Dei, secundum illud apostoli, Hebr. I, 14: omnes sunt administratorii spiritus; sed spiritus sanctus dominus est: Ioan. IV, 24: spiritus est Deus; et apostolus, II Cor. III, 17: dominus autem spiritus est; et inde est quod ubi est spiritus domini, ibi est libertas, ut dicitur II Cor. III. Cuius ratio est, quia facit diligere Deum, et aufert amorem mundi. Et ideo dicitur: in spiritum sanctum dominum.

102. Secundum est quia in hoc est vita animae quod coniungitur Deo, cum ipse Deus sit vita animae, sicut anima vita corporis. Deo autem coniungit spiritus sanctus per amorem, quia ipse est amor Dei, et ideo vivificat. Ioan. VI, 64: spiritus est qui vivificat. Unde dicitur: et vivificantem.

들이 있었습니다. 이 오류들을 배격하기 위해, 교부들은 또 다른 신경[51]에서 성령에 관하여 다섯 가지의 말을 추가하였습니다.

101. 첫 번째로 추가된 말은 저 사도의 히브리서 1장 14절 말씀 "그들(천사들)은 모두 섬김의 영들입니다"에 따라, 비록 천사들과 같은 다른 영들은 하나님의 종들이지만, 성령은 주님이시라는 것입니다. 요한복음 4장 24절 말씀입니다. "하나님은 영이시다." 또한 사도도 고린도후서 3장 17절에서 말합니다. "성령은 주님이십니다." 그러므로 고린도후서 3장에서 말하는 것처럼 "주님의 영이 계신 곳에는 자유가 있습니다." 그 이유는 성령은 하나님을 사랑하게 하시고, 세상에 대한 사랑을 몰아내시기 때문입니다. 그러므로 "주님이신 성령을 [내가 믿습니다]"라고 고백하게 됩니다.

102. 두 번째로 추가된 말은 영혼의 생명은 하나님과의 연합에 있다는 것입니다. 영혼이 육체의 생명이듯이, 하나님 자신이 영혼의 생명이기 때문입니다. 그런데 성령은 사랑을 통하여 하나님과 연합되어 있습니다. 성령 자체가 하나님의 사랑이기 때문입니다. 그러므로 성령은 살리시는 분입니다. 요한복음 6장 64절 말씀입니다. "성령은 살리시는 분입니다." 따라서 "그리고 살리시는 분을"이라고 일컬어지는 것입니다.

---

51 니케아-콘스탄티노플 신경.

103. Tertium est quod spiritus sanctus est eiusdem substantiae cum patre et filio: quia sicut filius est verbum patris, ita spiritus sanctus est amor patris et filii; et ideo procedit ab utroque; et sicut verbum Dei est eiusdem substantiae cum patre, ita et amor cum patre et filio. Et ideo dicitur: qui ex patre filioque procedit. Unde et per hoc patet quod non est creatura.

104. Quartum est quod est aequalis patri et filio quantum ad cultum. Ioan. IV, 23: veri adoratores adorabunt patrem in spiritu et veritate. Matth. ult., 19: docete omnes gentes, baptizantes eos in nomine patris et filii et spiritus sancti. Et ideo dicitur: qui cum patre et filio simul adoratur.

105. Quintum, per quod manifestatur quod sit aequalis Deo, est quia sancti prophetae locuti sunt a Deo. Constat autem quod si spiritus non esset Deus, non diceretur quod prophetae fuerint locuti ab eo. Sed Petrus dicit (Epist. II, cap. I, 21), quod spiritu sancto inspirati locuti sunt sancti Dei homines. Isai. XLVIII, 16: dominus Deus misit me, et spiritus eius. Unde hic dicitur: qui locutus est per prophetas.

103. 세 번째로 추가된 말은 성령이 아버지와 아들과 같은 본질에 속한다는 것입니다. 아들이 아버지의 말씀이듯이, 성령은 아버지와 아들의 사랑이시기 때문입니다. 그러므로 성령은 아버지와 아들 두 분에게서 나오십니다. 하나님의 말씀이 아버지와 동일한 본질이듯이, 사랑 또한 아버지와 아들과 동일한 본질이십니다. 따라서 성령은 "아버지와 아들로부터 나오시는 분"이라고 말해집니다. 그러므로 이를 통해 성령은 피조물이 아니라는 것이 분명해집니다.

104. 네 번째로 추가된 말은 성령이 예배에 관하여 아버지와 아들과 동등하다는 것입니다. 요한복음 4장 23절 말씀입니다. "참된 예배자는 아버지를 영과 진리 안에서 예배할 것이다." 마태복음 28장 19절 말씀입니다. "모든 민족들을 가르치고, 그들에게 아버지와 아들과 성령의 이름으로 세례를 주고." 그래서 성령은 "아버지와 아들과 함께 예배를 받으시는 분"이라고 말해집니다.

105. 다섯 번째로 추가된 말은 성령이 하나님과 동등함을 보여주는 것인데, 바로 거룩한 예언자들이 하나님에 의해 말하였다는 것입니다. 만약 성령이 하나님이 아니셨다면, 예언자들이 성령에 의해 말하였다고 말하지 않았을 것임은 분명합니다. 베드로는 말합니다. "하나님의 거룩한 사람들은 성령에 의해 영감을 받아 말하였습니다"(벧후 1:21). 이사야서 48장 16절 말씀입니다. "주 하나님과 그분의 영이 나를 보내셨도다." 그러므로 여기서 성령은 "예언자들을 통하여 말씀하신 분"이라고 말해집니다.

106. Per hoc autem destruuntur duo errores: error scilicet Manichaeorum, qui dixerunt, quod vetus testamentum non erat a Deo: quod falsum est, quia per prophetas locutus est spiritus sanctus. Item error Priscillae et Montani, qui dixerunt quod prophetae non sunt locuti a spiritu sancto, sed quasi amentes.

107. Provenit autem nobis multiplex fructus a spiritu sancto.

Primo quia purgat a peccatis. Cuius ratio est, quia eiusdem est reficere cuius est constituere. Anima autem creatur per spiritum sanctum, quia omnia per ipsum facit Deus. Deus enim diligendo suam bonitatem causat omnia. Sap. XI, 25: diligis omnia quae sunt, et nihil odisti eorum quae fecisti. Dionysius in 4 cap. de divinis nominibus: divinus

106. 이를 통하여 두 가지 오류가 배격됩니다. 먼저 마니교도들의 오류입니다. 그들은 구약은 하나님으로부터 온 것이 아니라고 말하였습니다. 이것은 거짓입니다. 성령께서는 예언자들을 통해서 말씀하셨기 때문입니다. 또한 프리스킬라와 몬타누스[52]의 오류입니다. 그들은 예언자들이 성령의 영감이 아니라 정신이 나간 사람으로서 말하였다고 주장했습니다.

107. 성령께서는 우리 안에 많은 열매를 맺게 하십니다.

첫째로 성령께서는 우리를 죄로부터 정화시키십니다. 그 이유는 어떤 일을 고치는 것은 그것을 만든 이에게 속하는 일이기 때문입니다. 그런데 인간의 영혼은 성령을 통해서 창조된 것입니다. 하나님께서는 성령을 통해서 만물을 만드셨기 때문입니다. 사실 하나님은 그 자신의 선하심을 사랑하심으로써 만물의 원인이 되시기 때문입니다. 지혜서 11장 25절 말씀입니다. "당신은 존재하는 모든 것을 사랑하시고, 당신이 만드신 것들 중 어떤 것도 미워하지 않으십니다." 그리고 디오니시오스[53]는 그의 『신명론』 4장에서 말합니다. "하

---

52 몬타누스는 2세기의 '조명을 받은 자들'(illuminati)이라는 그룹의 지도자였고, 프리스킬라는 이 그룹에 속한 여성 예언자다. 이 그룹의 구성원들은 종교적 경험의 광적인 성격을 보여주었다.
53 디오니시오스는 6세기 초에 아마도 시리아에서 저술을 했던 것으로 추정되는 기독교의 신비신학자이다. 그의 저작 가운데 두 작품만 소개하자면 『신비신학』과 『신명론』을 들 수 있다. 전자는 하나님과의 연합을 향한 영혼의 상승을 묘사하고, 후자는 신의 존재와 속성을 다룬다.

amor non permisit eum sine germine esse. Oportet ergo quod corda hominum per peccatum destructa reficiantur a spiritu sancto. Psal. CIII, 30: emitte spiritum tuum et creabuntur, et renovabis faciem terrae. Nec mirum si spiritus purgat, quia omnia peccata dimittuntur per amorem: Luc. VII, 47: dimissa sunt ei peccata multa, quoniam dilexit multum. Prov. X, 12: universa delicta operit caritas; item I Petr. IV, 8: caritas operit multitudinem peccatorum.

108. Secundo illuminat intellectum, quia omnia quae scimus, a spiritu sancto scimus. Ioan. XIV, 26: Paraclytus autem spiritus sanctus, quem mittet pater in nomine meo, ille vos docebit omnia, et suggeret vobis omnia quaecumque dixero vobis. Item I Ioan. II, 27: unctio docebit vos de omnibus.

109. Tertio iuvat, et quodammodo cogit servare mandata. Nullus enim posset servare mandata Dei, nisi amaret Deum: Ioan. XIV, 23: si quis diligit me,

나님의 사랑은 열매가 없는 것을 허용하지 않으셨습니다."[54] 그러므로 죄로 인해 파괴된 사람들의 마음은 성령에 의해 회복되어야 합니다. 시편 103[104]편 30절 말씀입니다. "당신의 영을 보내소서. 그러면 만물이 창조될 것이며, 당신은 땅의 모습을 새롭게 만들 것입니다." 성령께서 정화하시는 것은 놀라운 일이 아닙니다. 왜냐하면 모든 죄는 사랑을 통해 용서받기 때문입니다. 누가복음 7장 47절 말씀입니다. "그녀는 많이 사랑하였기 때문에 수많은 죄를 용서받았다." 잠언 10장 12절 말씀입니다. "사랑은 모든 허물을 덮습니다." 또한 베드로전서 4장 8절 말씀입니다. "사랑은 수많은 죄를 덮습니다."

108. 둘째로 성령은 지성을 비추어주십니다. 왜냐하면 우리는 자신이 알고 있는 모든 것을, 성령을 통해 알기 때문입니다. 요한복음 14장 26절 말씀입니다. "아버지께서 내 이름으로 보내실 보혜사 성령께서 너희에게 모든 것을 가르쳐주실 것이고, 내가 너희에게 말한 모든 것을 상기시켜주실 것이다." 또한 요한1서 2장 27절 말씀입니다. "[성령의] 기름 부으심이 여러분에게 모든 것을 가르쳐주실 것입니다."

109. 셋째로 성령께서는 우리를 도우시고, 어떤 면에서는 계명을 지키도록 강제하십니다. 사실 그 누구도 하나님을 사랑하지 않으면서 하나님의 계명을 지킬 수는 없습니다. 요한복음 14장 23절 말씀입

---

54 『신명론』(*De divinis nominibus*) IV, 11, *The Works of Dionysius the Areopagite*, tr by J. Parker, Merrick, N.Y.: Richwood Pub. Co, 1976, 45.

sermonem meum servabit. Spiritus autem sanctus facit amare Deum, ideo iuvat. Ezech. XXXVI, 26: dabo vobis cor novum, et spiritum novum ponam in medio vestri; et auferam cor lapideum de carne vestra: et dabo vobis cor carneum, et spiritum meum ponam in medio vestri; et faciam ut in praeceptis meis ambuletis, et iudicia mea custodiatis et operemini.

110. Quarto confirmat spem vitae aeternae, quia est sicut pignus hereditatis illius. Apostolus, Ephes. I, 13-14: signati estis spiritu promissionis sancto, qui est pignus hereditatis nostrae. Est enim quasi arrha vitae aeternae. Cuius ratio est, quia ex hoc debetur vita aeterna homini, inquantum efficitur filius Dei; et hoc fit per hoc quod fit similis Christo. Assimilatur autem aliquis Christo per hoc quod habet spiritum Christi, qui est spiritus sanctus. Apostolus, Rom. VIII, 15-16: non enim accepistis spiritum servitutis iterum in timore; sed accepistis spiritum adoptionis filiorum, in quo clamamus, abba, pater. Ipse enim spiritus testimonium reddit spiritui nostro, quod sumus filii Dei; et Gal. IV, 6: quoniam autem estis filii Dei, misit Deus spiritum filii sui in corda vestra, clamantem, abba, pater.

니다. "나를 사랑하는 자는 내 말을 지킬 것이다." 그런데 성령은 우리로 하여금 하나님을 사랑하게 하시며, 이로써 우리를 도우십니다. 에스겔 36장 26절 말씀입니다. "나는 너희에게 새 마음을 줄 것이고, 너희 가운데 새 영을 둘 것이다. 나는 너희 육신에서 돌 같은 마음을 제거할 것이고, 너희에게 살 같은 마음을 줄 것이다. 또한 너희 가운데 내 영을 둘 것이다. 또한 나는 너희로 하여금 내 계명을 따라 걷게 할 것이며, 너희는 내 법을 지킬 것이고 실행할 것이다."

110. 넷째로 성령께서는 영원한 생명에 대한 희망을 견고하게 하십니다. 성령은 영생을 상속받는 것의 보증이시기 때문입니다. 에베소서 1장 13-14절 말씀입니다. "너희는 우리가 받을 상속의 보증이신 약속된 성령에 의해 인침을 받았다." 사실 성령께서는 영생의 보증금 같은 분이십니다. 그 이유는 다음과 같습니다. 사람은 하나님의 아들이 됨에 따라 영생을 얻게 됩니다. 하나님의 아들이 되는 것은 그리스도를 닮음으로 가능합니다. 그런데 어떤 사람은 그리스도의 영이신 성령을 소유함으로써 그리스도를 닮게 됩니다. 로마서 8장 15-16절 말씀입니다. "여러분은 두려움 속에 있게 하는 종의 영을 받은 것이 아니라 '아빠 아버지'라고 부르짖게 해주는 양자의 영을 받았습니다. 실제로 성령 자체가, 우리가 하나님의 아들들이라고 우리 영에게 증언을 하십니다." 또한 갈라디아서 4장 6절 말씀입니다. "여러분은 하나님의 아들이기 때문에, 하나님께서는 여러분의 마음 안에 '아빠 아버지'라고 부르는 자신의 아들의 영을 보내셨습니다."

111. Quinto consulit in dubiis, et docet nos quae sit voluntas Dei. Apoc. II, 7: qui habet aures audiendi, audiat quid spiritus dicat Ecclesiis. Isai. I, 4: audiam eum quasi magistrum.

Articulus 9
Sanctam Ecclesiam Catholicam

112. Sicut videmus quod in uno homine est una anima et unum corpus, et tamen sunt diversa membra ipsius; ita Ecclesia Catholica est unum corpus, et habet diversa membra. Anima autem quae hoc corpus vivificat, est spiritus sanctus. Et ideo post fidem de spiritu sancto, iubemur credere sanctam Ecclesiam Catholicam. Unde additur in symbolo: sanctam Ecclesiam Catholicam.

113. Circa quod sciendum est, quod Ecclesia est idem quod congregatio. Unde Ecclesia sancta idem est quod congregatio fidelium; et quilibet Christianus est sicut membrum ipsius Ecclesiae, de qua dicitur Eccli. ult. 31: appropiate ad me indocti, et congregate vos

111. 다섯째로 성령께서는 우리가 의심에 빠질 때 우리를 권면해주시고, 무엇이 하나님의 뜻인지를 우리에게 가르쳐주십니다. 요한계시록 2장 7절 말씀입니다. "들을 귀를 가진 이는 성령께서 교회들에게 말씀하시는 것을 들을지어다." 이사야서 50장 4절 말씀입니다. "나는 그의 말을 주인의 말처럼 들을 것이다."

9항.
"거룩하고 보편적인 교회를 [나는 믿습니다.]"

112. 우리가 알고 있는 것처럼, 한 사람 안에는 하나의 영혼과 하나의 몸이 있습니다. 하지만 그 지체들은 다양합니다. 마찬가지로 보편적인 교회 또한 하나의 유일한 몸이면서도 여러 지체들을 가지고 있습니다. 그런데 이 교회의 몸을 살리는 영혼은 성령이십니다. 또한 이로 인해 우리는 성령에 대한 믿음에 이어 거룩하고 보편적인 교회를 믿도록 초대받는 것입니다. 그러므로 신경에 "거룩하고 보편적인 교회를"이 덧붙여져 있습니다.

113. 이와 관련하여 '교회'는 '회중'과 같은 것임을 알아야 합니다. 그러므로 거룩한 교회란 신자들의 회중과 같은 것입니다. 그리고 어떤 그리스도인이든지 교회의 지체와 같습니다. 이에 대해 집회서 51장 31절에서 말합니다. "너희 무지한 자들아, 내게로 다가오라. 배움의 집에 모여라." 그런데 이 거룩한 교회는 네 가지 조건을 가

in domum disciplinae. Haec autem Ecclesia sancta habet quatuor conditiones: quia est una, quia est sancta, quia est Catholica, idest universalis, et quia est fortis et firma.

114. Quantum ad primum sciendum est, quod licet diversi haeretici diversas sectas adinvenerint, non tamen pertinent ad Ecclesiam, quia sunt divisi in partes: sed Ecclesia est una. Cant. VI, 8: una est columba mea, perfecta mea.

Causatur autem unitas Ecclesiae ex tribus.

Primo ex unitate fidei. Omnes enim Christiani qui sunt de corpore Ecclesiae, idem credunt: I Cor. I, 10: idipsum dicatis omnes, et non sint in vobis schismata; et Ephes. IV, 5: unus Deus, una fides, unum Baptisma.

집니다. 그것은 하나라는 것, 거룩하다는 것, 카톨리카[55] 곧 보편적이라는 것, 그리고 강하고 견고하다는 것입니다.

114. 교회의 첫 번째 조건(단일성)에 관해서는 다음의 사실을 알아야 합니다. 비록 다수의 이단들이 다양한 종파를 발명했지만, 그것들은 부분들로 나뉘어 있기 때문에 교회에 속하지 않는다는 것입니다. 하지만 교회는 하나입니다. 아가 6장 8절 말씀입니다. "나의 비둘기, 나의 완전한 분은 하나입니다."

그런데 교회의 단일성은 세 가지로부터 기인합니다.

첫째, 신앙의 단일성으로부터 기인합니다. 왜냐하면 교회의 몸에 소속된 모든 그리스도인들은 동일한 것을 믿기 때문입니다. 고린도전서 1장 10절 말씀입니다. "모두 같은 것을 말하십시오. 그래서 여러분 가운데 분열이 없게 하십시오." 또한 에베소서 4장 5절 말씀입니다. "한 분 하나님, 하나의 신앙, 하나의 세례만이 있습니다."

---

[55] 여기 라틴어를 음차한 '카톨리카'(Catholica)는 그리스어 καθόλου에서 유래한다. 이 표현은 κατὰ ὅλον(according to the whole=전체에 따르면)에서 온 것으로 '일반적으로' 혹은 '보편적으로'라는 의미를 가진다. Catholica는 그리스어에서 음차한 라틴어 Catholicus의 여성형이다. '카톨릭 교회', 즉 '보편적 교회'라는 표현은 안디옥의 이그나티우스(Ignatius of Antioch)가 107년 경에 서머나 교인들에게 쓴 편지에 나타난다. "예수 그리스도가 계신 곳은 어디나 보편 교회가 있다." Ignatius, *Lettres*, c. 8, 2. 그런데 이 표현은 교회사에서 다음과 같은 여러 가지 용례를 가진다. 1) 지역교회와 대비되는 '모든 곳의, 모든 시간의, 모든 사람들의' 보편 교회를 의미한다. 2) '이단적' 혹은 '분리적'과 대비되는 '정통적'을 의미한다. 3) 역사가들에게 보편 교회는 1054년 동방과 서방 교회의 분열 이전의 분리되지 않은 교회를 의미한다. 4) 종교개혁 이후에 로마 가톨릭교회는 자신에게만 배타적으로 사용해왔다. F. L. Cross and E. A. Livingstone(ed.), *The Oxford Dictionary of the Christian Church*, Oxford University Press, 3rd edition revised, 2005, 308.

115. Secundo ex unitate spei, quia omnes firmati sunt in una spe perveniendi ad vitam aeternam: et ideo dicit apostolus, Ephes. IV, 4: unum corpus et unus spiritus, sicut vocati estis in una spe vocationis vestrae.

116. Tertio ex unitate caritatis, quia omnes connectuntur in amore Dei, et ad invicem in amore mutuo. Ioan. XVII, 22: claritatem quam dedisti mihi, dedi eis, ut sint unum, sicut et nos unum sumus. Manifestatur autem huiusmodi amor si verus est, quando membra pro se invicem sunt solicita, et quando invicem compatiuntur. Ephes. IV, 15-16: in caritate crescamus in illo per omnia qui est caput Christus: ex quo totum corpus connexum et compactum per omnem iuncturam subministrationis secundum operationem in mensuram uniuscuiusque membri, augmentum corporis facit in aedificationem sui in caritate; quia quilibet de gratia sibi collata a Deo, debet proximo servire.

117. Unde nullus debet contemnere, nec pati ab ista Ecclesia abiici et expelli; quia non est nisi una Ecclesia in qua homines salventur, sicut extra arcam Noe

115. 둘째, 소망의 단일성으로부터 기인합니다. 왜냐하면 모든 그리스도인들은 영원한 생명에 이르기를 바라는 한 가지 소망 안에서 견고하기 때문입니다. 그래서 사도는 에베소서 4장 4절에서 말합니다. "여러분은 여러분의 부르심의 한 소망 안에서 부름 받은 것처럼 단 하나의 몸과 하나의 영이 있을 뿐입니다."

116. 셋째, 사랑의 단일성으로부터 기인합니다. 왜냐하면 모든 그리스도인들은 하나님에 대한 사랑으로 연결되어 있으며, 상호 간의 사랑 안에서 서로 연결되어 있기 때문입니다. 요한복음 17장 22절 말씀입니다. "우리가 하나인 것처럼 그들도 하나가 되게 하려고, 나는 당신께서 내게 주신 영광을 그들에게 주었습니다." 만약 이 사랑이 참된 것이라면, 그것은 지체 간에 서로 관심을 가질 때 그리고 서로 불쌍히 여길 때 나타납니다. 에베소서 4장 15-16절 말씀입니다. "머리이신 그리스도 안에서, 모든 점에서 사랑을 통해 자라납시다. 그를 통해 몸 전체가 연결되어 있고, 각 지체의 분량에 따른 공급 행위에 따라 모든 마디가 결합되어 사랑 안에서 세워 나가도록 그분은 몸을 성장하게 합니다." 왜냐하면 누구나 다 하나님이 자신에게 하사하신 은총을 통해서 이웃을 섬겨야 하기 때문입니다.

117. 그러므로 어떤 사람도 멸시해서는 안 되며, 이 교회로부터 거부되거나 쫓겨나는 일을 당해서는 안 됩니다. 노아의 방주 밖에서는 아무도 구원을 받을 수 없었듯이, 사람이 구원받을 수 있는 교회

nullus salvari potuit.

118. Circa secundum sciendum, quod est etiam alia congregatio, sed malignantium. Psal. XXV, 5: odivi Ecclesiam malignantium. Sed haec est mala, Ecclesia vero Christi est sancta: apostolus, I Cor. III, 17: templum Dei sanctum est, quod estis vos; unde dicitur, sanctam Ecclesiam.

Sanctificantur autem fideles huius congregationis ex tribus.

Primo, quia sicut Ecclesia cum consecratur, materialiter lavatur, ita et fideles loti sunt sanguine Christi. Apoc. I, 5: dilexit nos, et lavit nos a peccatis nostris in sanguine suo; Hebr. XIII, 12: Iesus, ut sanctificaret per suum sanguinem populum, extra portam passus est.

119. Secundo ex inunctione: quia sicut Ecclesia inungitur, sic et fideles spirituali inunctione unguntur, ut sanctificentur: alias non essent Christiani: Christus enim idem est quod unctus.

Haec autem unctio est gratia spiritus sancti. II Cor. I, 21: qui unxit nos, Deus; et I Cor. VI, 11: sanctificati

는 하나의 교회(una Ecclesia) 외에는 없기 때문입니다.

118. 교회의 두 번째 조건(거룩성)에 관해서는 다음의 사실을 알아야 합니다. 그것은 다른 회중 역시 존재한다는 것이며, 이는 악인들의 회중이라는 것입니다. 시편 25[26]편 5절 말씀입니다. "나는 악인들의 교회를 미워했다." 이 악인들의 교회는 악합니다. 하지만 그리스도의 교회는 거룩합니다. 사도는 고린도전서 3장 17절에서 말합니다. "하나님의 성전은 거룩합니다. 이 성전은 바로 여러분들입니다." 그러므로 신경에서 "거룩한 교회를"이라고 말하는 것입니다.

이 거룩한 회중의 신자들은 세 가지를 통해서 거룩해집니다.

첫째, 교회가 축성될 때 물질로 닦여지듯이, 신자들 역시 그리스도의 피로 씻겼습니다. 요한계시록 1장 5절 말씀입니다. "그분은 우리를 사랑하셨고, 그의 피로 우리를 죄로부터 씻어주셨습니다." 히브리서 13장 12절 말씀입니다. "자신의 피로 백성을 거룩하게 하시기 위해서 예수께서는 성문 밖에서 고난을 받으셨습니다."

119. 둘째, 기름 부음을 통해 거룩해집니다. 교회를 축성하는 예식에서 교회에 기름을 바르듯이, 신자들 또한 영적인 기름 부음을 받습니다. 그렇지 않다면 그들은 그리스도인이 아닐 것입니다. 왜냐하면 그리스도는 '기름 부음을 받은 자'와 같은 것이기 때문입니다.

그런데 이 기름 부음은 성령의 은총입니다. 고린도후서 1장 21절 말씀입니다. "우리에게 기름을 부어주신 분은 하나님이십니다." 또한 고린도전서 6장 11절 말씀입니다. "여러분은 우리 주 예수 그

estis in nomine domini nostri Iesu Christi.

120. Tertio ex inhabitatione Trinitatis: nam ubicumque Deus inhabitat, locus ille sanctus est: unde Genes. XXVIII, 16: vere locus iste sanctus est; et Psal. XCII, 5: domum tuam decet sanctitudo, domine.

121. Quarto propter invocationem Dei. Ier. XIV, 9: tu autem in nobis es, domine, et nomen tuum invocatum est super nos.

122. Cavendum est ergo ne post talem sanctificationem polluamus animam nostram, quae templum Dei est, per peccatum. Apostolus, I Cor. III, 17: si quis templum Dei violaverit, disperdet illum Deus.

123. Circa tertium sciendum est, quod Ecclesia est Catholica, idest universalis: primo quantum ad locum, quia est per totum mundum, contra Donatistas. Rom. I, 8: fides vestra annuntiatur in

리스도의 이름으로 거룩하게 되었습니다."

120. 셋째, 신자들은 삼위일체 하나님의 내주를 통하여 거룩해집니다. 하나님께서 거하시는 곳은, 그곳이 어디든지 거룩하기 때문입니다. 그러므로 창세기 28장 16절에서 이렇게 말하는 것입니다. "참으로 이곳은 거룩하다." 또한 시편 92[93]편 5절 말씀입니다. "주님, 거룩함은 당신의 집에 어울립니다."

121. 넷째, 신자들은 하나님을 부름으로써 거룩해집니다. 예레미야 14장 9절 말씀입니다. "주님, 당신은 우리들 가운데 거하시고, 당신의 이름은 우리 위에서 불렸나이다."

122. 그러므로 이처럼 거룩해진 후에 하나님의 성전인 우리 영혼을 죄로 더럽히지 않도록 경계해야 합니다. 고린도전서 3장 17절 말씀입니다. "만약 누군가가 하나님의 성전을 더럽히면, 하나님께서는 그를 멸하실 것입니다."

123. 교회의 세 번째 조건과 관련해서 교회는 카톨리카, 즉 보편적이라는 것을 알아야 합니다. 첫째, 지역에 있어서 보편적이라는 것입니다. 도나투스주의자[56]들의 주장과는 반대로 교회는 온 세상에

---

56 도나투스주의자들은 4세기의 아프리카 교회에 나타난 분리주의자들로서 자신들만이 참된 교회를 형성한다고 주장했다. '도나투스주의'라는 명칭은 이 분리주의자들이 카르타고의 수교보 세운 '도나투스'라는 인물의 이름에서 온다. 그들은 디오클레티아누스 황제

universo mundo; Marc. ult., 15: euntes in mundum universum, praedicate Evangelium omni creaturae. Unde antiquitus Deus erat notus tantum in Iudaea, nunc autem per totum mundum.

Habet autem haec Ecclesia tres partes. Una est in terra, alia est in caelo, tertia est in Purgatorio.

124. Secundo est universalis quantum ad conditionem hominum, quia nullus abiicitur, nec dominus, nec servus, nec masculus, nec femina. Gal. III, 28: non est masculus neque femina.

125. Tertio est universalis quantum ad tempus. Nam aliqui dixerunt, quod Ecclesia debet durare usque ad certum tempus. Sed hoc est falsum: quia haec Ecclesia incepit a tempore Abel, et durabit usque ad finem saeculi. Matth. ult., ult.: ecce ego vobiscum sum omnibus diebus usque ad consummationem saeculi. Sed post consummationem saeculi remanebit in caelo.

퍼져 있기 때문입니다. 로마서 1장 8절 말씀입니다. "여러분들의 믿음은 온 세상에서 알려집니다." 마가복음 16장 15절 말씀입니다. "너희는 온 세상으로 가서 모든 피조물들에게 복음을 선포하라." 그러므로 하나님이 옛적에는 유대에서만 알려지셨지만, 이제는 온 세상에 알려지셨습니다.

그런데 이 교회는 세 부분을 가지고 있습니다. 하나는 지상에 있고, 또 다른 하나는 하늘에 있고, 세 번째는 연옥에 있습니다.

124. 둘째, 교회는 그것을 구성하는 사람들의 조건에 있어서 보편적입니다. 주인이든, 노예든, 남자든 여자든, 그 누구도 거부를 당하지 않기 때문입니다. 갈라디아서 3장 28절 말씀입니다. "남자도 없고, 여자도 없습니다."

125. 셋째, 교회는 시간에 있어서 보편적입니다. 어떤 이들은 교회는 일정 기간 동안만 존속해야 한다고 말했습니다. 하지만 이것은 잘못된 주장입니다. 이 교회는 아벨의 시대로부터 시작되었고, 세상 끝날까지 존속될 것이기 때문입니다. 마태복음 28장 20절 말씀입니다. "볼지어다. 내가 세상 끝날까지 항상 너희와 함께 있을 것이다." 그리고 이 세상이 지나간 후에, 교회는 하늘에서 존속할 것입니다.

의 기독교 박해시기에 성서를 로마제국 관료에게 넘겨주고 배교했던 성직자가 집행한 성례전의 유효성을 부정한 사람들이다. 이들의 입장을 비판한 아우구스티누스는 성례전의 유효성은 성직자에게서 오지 않고 그리스도에게서 온다고 주장했다.

126. Circa quartum sciendum est, quod Ecclesia est firma. Domus autem dicitur firma, primo si habet bona fundamenta. Fundamentum autem Ecclesiae principale est Christus. Apostolus, I Cor. III, 11: fundamentum aliud nemo potest ponere praeter id quod positum est, quod est Christus Iesus. Secundarium vero fundamentum sunt apostoli, et eorum doctrina; et ideo firma est: unde in Apoc. XXI, dicitur, quod civitas habebat duodecim fundamenta, et erant ibi scripta nomina duodecim apostolorum. Et inde est quod dicitur Ecclesia apostolica. Exinde etiam est quod ad significandum firmitatem huius Ecclesiae, b. Petrus dictus est vertex.

127. Secundo apparet firmitas domus, si conquassata non potest destrui. Ecclesia autem nunquam potuit destrui: nec a persecutoribus; immo persecutionibus durantibus magis crevit, et qui eam persequebantur,

126. 교회의 네 번째 조건과 관계해서는 교회가 견고하다는 것을 알아야 합니다.[57] 첫째, 그런데 집은 훌륭한 기초를 보유할 때 견고하다고 평가받습니다. 그런데 교회의 중심적인 기초는 그리스도입니다. 고린도전서 3장 11절 말씀입니다. "아무도 이미 놓여진 기초이신 예수 그리스도 외에 다른 기초를 놓을 수 없습니다." 교회의 이차적인 기초는 사도들과 그들의 가르침입니다. 그리고 이로써 교회는 견고합니다. 그러므로 요한계시록 21장 14절에서 말합니다. "도성은 열두 기초를 가지고 있었고, 그 위에 열두 사도들의 이름들이 새겨져 있었습니다." 이로 인해 교회는 사도적 교회라고 일컬어집니다. 또한 이로 인해 교회의 견고성을 의미하기 위해서 복되신 베드로를 우두머리라고 부르는 것입니다.

127. 둘째, 어떤 집이 튼튼한가 하는 것은 그것이 흔들려도 무너지지 않는다면 분명하게 나타납니다. 그런데 교회는 결코 파괴될 수 없었습니다. 그리고 박해자들에 의해서도 파괴될 수 없었습니다. 박해가 지속되는 동안 오히려 교회는 더 많이 성장했습니다. 그리고 교회를 박해했던 이들과 교회가 대항했던 이들은 지쳐서 나자빠졌습니다. 마태복음 21장 44절 말씀입니다. "이 돌 위에 떨어지는

---

57 흔히 교회의 네 가지 표지는 다음과 같은 것으로 알려져 있다. '하나의', '거룩한', '보편적', '사도적'. 그런데 여기서 토마스는 '사도적' 대신에 '견고한'이라는 표현을 사용하고 있다. 하지만 내용을 읽어 보면 견고성 안에 사도성이 포함되어 있음을 알 수 있다. 다시 말해 교회가 견고한 것은 그 주된 기초이신 그리스도와 이차적인 기초인 사도들의 가르침에 근거한다는 것이다. 그리고 후자 때문에 교회는 '사도적'이라고 일컬어진다는 사실을 토마스는 명시하고 있다.

et quos ipsa persequebatur, deficiebant: Matth. XXI, 44: qui ceciderit super lapidem istum, confringetur; super quem vero ceciderit, conteret eum; nec ab erroribus; immo quanto magis errores supervenerunt, tanto magis veritas manifestata est: II Tim. III, 8: homines corrupti mente, reprobi circa fidem; sed ultra non proficient; nec a tentationibus Daemonum: Ecclesia enim est sicut turris, ad quam fugit quicumque pugnat contra Diabolum: Prov. XVIII, 10: turris fortissima nomen domini. Et ideo Diabolus principaliter conatur ad destructionem eius; sed non praevalet, quia dominus dixit Matth. XVI, 18: et portae Inferi non praevalebunt adversus eam; quasi dicat: bellabunt adversum te, sed non praevalebunt.

Et inde est quod sola Ecclesia Petri (in cuius partem venit tota Italia, dum discipuli mitterentur ad praedicandum) semper fuit firma in fide: et cum in aliis partibus vel nulla fides sit, vel sit commixta multis erroribus, Ecclesia tamen Petri et fide viget, et ab erroribus munda est. Nec mirum: quia dominus dixit Petro, Luc. XXII, 32: ego rogavi pro te, Petre, ut non deficiat fides tua.

이는 부서질 것이고, 이 돌이 그 사람 위에 떨어지면 그 사람은 분쇄될 것이다." 그리고 교회는 오류들에 의해서도 파괴될 수 없었습니다. 오히려 오류들이 많이 나타나면 나타날수록 진리가 더욱 분명하게 드러났습니다. 디모데후서 3장 8절 말씀입니다. "그들은 정신이 부패한 사람들이고 신앙에 있어서는 단죄된 사람들입니다. 하지만 그들은 더 이상 나아가지 못할 것입니다." 그리고 교회는 악마들의 유혹에 의해서도 파괴될 수 없었습니다. 사실 교회는 망루와 같아서 악마에 대항하여 싸우는 이는 누구나 교회로 도망갑니다. 잠언 18장 10절 말씀입니다. "주님의 이름은 가장 강한 망루입니다." 이런 이유로 악마는 일차적으로 교회를 파괴하기 위해 애씁니다. 하지만 그는 결코 교회를 능가하지 못합니다. 주님께서 마태복음 16장 18절에서 말씀하셨기 때문입니다. "지옥의 문들은 결코 교회를 대항하여 지배하지 못할 것이다." 그분은 마치 "그들은 너와 전쟁을 할 것이지만, 이기지는 못할 것이다"라고 말씀하시는 것 같습니다.

그리고 이런 이유로 오직 베드로의 교회만이(제자들이 설교를 하기 위해 다른 지역으로 보내진 반면, 베드로는 이탈리아 전체를 자신의 영역으로 가진다) 항상 신앙에 있어서 견고했습니다. 세상의 다른 부분들에서는 어떤 신앙도 존재하지 않거나 많은 오류들과 뒤섞였던 반면, 베드로의 교회는 신앙에 있어서 힘이 있었고 오류로부터 순결했습니다. 그리고 이는 조금도 놀라운 일이 아닙니다. 왜냐하면 주님께서 베드로에게 이렇게 말씀하셨기 때문입니다. "베드로야, 너의 신앙이 약해지지 않도록 내가 너를 위해 기도하였다"(눅 22:32).

Articulus 10
Sanctorum communionem, remissionem peccatorum

128. Sicut in corpore naturali operatio unius membri cedit in bonum totius corporis, ita in corpore spirituali, scilicet Ecclesia. Et quia omnes fideles sunt unum corpus, bonum unius alteri communicatur. Apostolus, Rom. XII, 5: singuli autem alter alterius membra. Unde et inter alia credenda quae tradiderunt apostoli, est quod communio bonorum sit in Ecclesia; et hoc est quod dicitur, sanctorum communionem.

129. Inter alia vero membra Ecclesiae, principale membrum est Christus, quia est caput. Ephes. I, 22-23: ipsum dedit caput super omnem Ecclesiam, quae est corpus ipsius. Bonum ergo Christi communicatur omnibus Christianis, sicut virtus capitis omnibus membris; et haec communicatio fit per sacramenta Ecclesiae, in quibus operatur virtus passionis Christi, quae operatur ad conferendam gratiam in

10항.
"성도의 교제와 죄의 용서를 [나는 믿습니다.]"

128. 자연적인 몸 안에서 한 지체의 행위가 몸 전체에 유익을 끼치듯이, 영적인 몸 곧 교회 안에서도 마찬가지입니다. 모든 신자들이 한 몸을 이루기 때문에 한 신자의 선은 다른 이에게 전해집니다. 사도는 로마서 12장 5절에서 말합니다. "각자는 서로의 지체들입니다." 그러므로 사도들이 전해준 신앙 조항 가운데 교회 안에는 선의 공유가 있다는 항목이 있습니다. 그리고 바로 이것이 "성도의 교제"라고 불리는 것입니다.

129. 하지만 교회의 지체 가운데서 중심 지체는 그리스도이십니다. 그분은 교회의 머리이시기 때문입니다. 에베소서 1장 22-23절 말씀입니다. "그분께서는 그분 자신을 모든 교회 위에 머리로 주셨고, 교회는 그분 자신의 몸입니다." 그러므로 머리의 덕이 몸의 모든 지체들에게 전해지듯이, 그리스도의 선 역시 모든 그리스도인들에게 전해집니다. 이 교제는 그리스도의 수난의 덕이 작용하는 교회의 성사[58]들을 통하여 실현되고, 그리스도의 수난의 덕은 죄를 용서해

---

58 성사(聖事, sacramentum)는 개신교 용어에서 성례라고 부르는 것이다. 토마스는 성사를 사람을 성화시키는 '거룩한 것의 표지'라고 정의한다. ST III, 60, 2. "[…] sacramentum, secundum quod nunc de sacramentis loquimur, quod est signum rei sacrae inquantum est sanctificans homines." 토마스의 정의는 아우구스티누스에게로 거슬러 올라간다. 아우구스티누스는 성사를 거룩한 표지라고 말한다. 『신국론』 10권 5. "…성사, 즉 거룩한 표징(sacramentum, id est sacrum signum)…", 성염 옮김, 1005. signum을 역자는 표지로, 성염은 표징으로 번역하였다.

remissionem peccatorum.

130. Huiusmodi autem sacramenta Ecclesiae sunt septem. Primum est Baptismus, qui est regeneratio quaedam spiritualis. Sicut enim vita carnalis non potest haberi nisi homo carnaliter nascatur: ita vita spiritualis, vel gratiae, non potest haberi nisi homo renascatur spiritualiter. Haec autem generatio fit per Baptismum: Ioan. III, 5: nisi quis renatus fuerit ex aqua et spiritu sancto, non potest introire in regnum Dei.

Et est sciendum, quod sicut homo non nascitur nisi semel, sic et semel tantum baptizatur: unde et sancti addiderunt: confiteor unum Baptisma.

Virtus autem Baptismi est quod purgat ab omnibus peccatis et quantum ad culpam et quantum ad poenam: et inde est quod nulla poenitentia imponitur baptizatis, quantumcumque fuerint peccatores; et si statim moriantur post Baptismum, immediate evolant in vitam aeternam. Inde est etiam quod licet soli sacerdotes ex officio baptizent, ex necessitate tamen cuilibet licet baptizare, servata tamen forma Baptismi,

주는 은총을 수여하기 위해 작용합니다.

130. 그런데 교회의 이 성사들은 일곱 가지입니다.[59] 첫 번째 성사는 세례(baptismus 혹은 baptisma)로서 일종의 영적인 재생과 같은 것입니다. 사람이 육체적으로 태어나지 않으면 육체의 생명을 소유할 수 없듯이, 사람이 영적으로 다시 태어나지 않으면 영적인 생명 혹은 은총의 생명을 소유할 수 없습니다. 그런데 이 출생은 세례를 통하여 일어납니다. 요한복음 3장 5절 말씀입니다. "물과 성령으로 다시 태어난 자가 아니면 하나님 나라에 들어갈 수 없다."

사람이 단 한 번 태어나듯이, 단 한 번만 세례를 받는다는 것을 알아야 합니다. 이런 이유로 교부들은 "나는 단 하나의 세례가 있음을 고백합니다"를 덧붙였습니다.

세례의 덕은 모든 죄를 정화하는 것으로서, 죄과나 벌까지도 정화하는 것입니다. 그러므로 제 아무리 큰 죄를 지었던 자라 할지라도 세례를 받은 이들에게는 어떤 고해성사(poenitentia)도 부과되지 않습니다. 그리고 세례를 받은 후 곧바로 죽는 사람들은 즉시 영원

---

[59] 성사의 수를 일곱 가지라고 명시하고 체계적으로 다루는 첫 번째 신학 책은 12세기의 파리 주교였던 페트루스 롬바르두스의 『명제집』이다. *Sententiae in IV libris distinctae*, IV, d. 2, c. 1, Grottaferrata(Rome): Collegii S. Bonaventurae ad Claras Aquas, 1981, 239. 12세기부터 교회의 공식적인 문헌에서 대체로 이 7성사가 이의 없이 받아들여진다. 토마스 아퀴나스도 당시 교회의 입장을 수용하여 성사의 수가 일곱 가지라고 명시적으로 언급한다. ST III, 65, 1, c. 교회사에서 7성사를 명시적으로 받아들이게 된 보다 자세한 역사는 다음 글을 참고하라. *Dictionnaire de théologie catholique* XIV-1, Paris, 1939, 545-51. 하지만 종교개혁자 루터는 『교회의 바벨론 포로』에서 세례, 성만찬 외에 나머지 성사는 성서에 근거가 없다고 주장하며 성사가 아니라고 비판한다. 존 딜렌버거 편집, 『루터 저작선』, 이형기 옮김, 크리스챤다이제스트, 1994, 314-432. WA, LW.

quae est: ego te baptizo in nomine patris et filii et spiritus sancti.

Sumit autem hoc sacramentum virtutem a passione Christi: Rom. VI, 5 [60]: quicumque baptizati sumus in Christo Iesu, in morte ipsius baptizati sumus. Et inde est quod sicut Christus fuit tribus diebus in sepulcro, ita fit trina immersio in aqua.

131. Secundum sacramentum est confirmatio. Sicut enim in illis qui corporaliter nascuntur, necessariae sunt vires ad operandum; ita spiritualiter renatis necessarium est robur spiritus sancti. Unde et apostoli ad hoc quod essent fortes, receperunt spiritum sanctum post ascensionem Christi: Luc. XXIV, 49: vos autem sedete in civitate, quousque induamini virtute ex alto.

Hoc autem robur confertur in sacramento confirmationis: et ideo illi qui habent curam puerorum, debent multum esse soliciti quod confirmentur, quia in confirmatione confertur magna gratia. Et si decedet, maiorem habet gloriam

---

60 인용된 구절은 5절이 아니고 3절이다. 이것은 단순한 오타이거나, 설교자 혹은 설교를 필기한 레기날두스가 구절을 잘못 기억한 것에 기인하는 것으로 보인다.

한 생명 안으로 날아오릅니다. 이런 이유로, 비록 오직 사제만이 그 직무에 따라 세례를 주지만, 필요한 경우에는 누구나 세례를 줄 수 있습니다. "아버지와 아들과 성령의 이름으로 나는 당신에게 세례를 줍니다"라는 세례의 형식이 지켜지기만 한다면 말입니다.

그런데 이 성사는 그리스도의 수난으로부터 그 효력을 취합니다. 로마서 6장 3절 말씀입니다. "예수 그리스도 안에서 세례를 받은 우리는 누구든지 그분의 죽으심 안에서 세례를 받은 것입니다." 그리고 이 때문에 그리스도께서 삼일 동안 무덤에 머무셨듯이, 물 속에 세 번 잠기는 것입니다.

131. 두 번째 성사는 견진성사(confirmatio)입니다. 출생한 사람들이 행동하기 위해서는 힘이 필요하듯이, 영적으로 재생한 사람에게도 성령의 능력이 필요합니다. 이런 이유에서 사도들은 강해지기 위해 그리스도께서 승천하신 직후 성령을 받았습니다. 누가복음 24장 49절 말씀입니다. "너희는 위로부터 힘을 덧입을 때까지 도성에 머물러 있어라."

그런데 이 힘은 견진성사에서 부여받습니다. 그러므로 어린이들을 돌보고 있는 사람들은 그들이 견진을 받을 수 있도록 신경을 많이 써야 합니다. 견진성사 안에서 큰 은총을 받기 때문입니다. 그렇기 때문에 견진성사를 받은 사람이 죽으면, 견진성사를 받지 않은

confirmatus quam non confirmatus, quia hic habuit plus de gratia.

132. Tertium sacramentum est Eucharistia. Sicut enim in vita corporali, postquam homo natus est et vires sumpsit, necessarius est ei cibus, ut conservetur et sustentetur; ita in vita spirituali post habitum robur necessarius est ei cibus spiritualis, qui est corpus Christi. Ioan. VI, 54: nisi manducaveritis carnem filii hominis et biberitis eius sanguinem, non habebitis vitam in vobis. Et ideo secundum ordinationem Ecclesiae quilibet Christianus semel in anno debet recipere corpus Christi, digne tamen et munde: quia, ut dicitur I Cor. XI, 29, qui manducat et bibit indigne, scilicet cum conscientia peccati mortalis de quo non est confessus, vel non proponit abstinere, iudicium sibi manducat et bibit.

133. Quartum sacramentum est poenitentia. Contingit enim in vita corporali quod quandoque quis infirmatur, et nisi habeat medicinam, moritur; et ita in vita spirituali quis infirmatur per peccatum: unde necessaria est medicina ad recuperandam sanitatem.

사람보다 더욱 큰 영광을 누릴 것입니다. 그 사람은 더 많은 은총을 소유했기 때문입니다.

132. 세 번째 성사는 성체성사(eucharistia)입니다. 육체적인 생명 안에서도 출생과 더불어 힘을 갖게 된 후에는 이 생명을 보존하고 영양을 공급하기 위해서 음식이 필요하듯이, 영적인 생명 안에서도 힘을 얻은 다음에는 그리스도의 몸인 영적 음식이 필요합니다. 요한복음 6장 54절 말씀입니다. "너희가 사람의 아들의 살을 먹지 않고 그의 피를 마시지 않으면, 너희 안에 생명을 가지지 못할 것이다." 이런 이유로, 교회의 규정에 따라 그리스도인이면 누구나 일 년에 한 번은 예수 그리스도의 몸을 합당하게 그리고 순결하게 받아야 합니다. 왜냐하면 고린도전서 11장 29절에서 말하는 것처럼 "합당하지 않게 먹고 마시는 이", 즉 치명적인 죄를 의식하면서도 이를 고백하거나 혹은 죄를 삼가겠다는 결심을 하지 않은 채로 먹고 마시는 이는 "자신에게 심판이 되는 것을 먹고 마시는 것이기" 때문입니다.

133. 네 번째 성사는 고해성사(poenitentia)입니다. 육적인 생명의 차원에서는 누군가 병이 들었는데도 치료를 받지 않으면 죽습니다. 마찬가지로 영적인 생명에서도 누군가 죄로 인해 병이 듭니다. 그러므로 건강을 회복하기 위해서는 치료가 필요합니다. 그리고 이 치료는 바로 고해성사 안에서 주어지는 은총입니다. 시편 102[103]

Et haec est gratia quae confertur in poenitentiae sacramento. Psal. CII, 3: qui propitiatur omnibus iniquitatibus tuis, qui sanat omnes infirmitates tuas.

In poenitentia autem tria debent esse: contritio, quae est dolor de peccato cum proposito abstinendi; confessio peccatorum cum integritate: et satisfactio quae est per bona opera.

134. Quintum sacramentum est extrema unctio. In hac enim vita sunt multa quae impediunt, propter quae homo non potest perfecte consequi purgationem a peccatis. Et quia nullus potest intrare vitam aeternam nisi sit bene purgatus, necessarium fuit aliud sacramentum quo homo purgaretur a peccatis, et liberaretur ab infirmitate, et praepararetur ad introitum regni caelestis. Et hoc est sacramentum extremae unctionis. Sed quod non semper curet corporaliter, hoc est quia forte vivere non expedit saluti animae. Iac. V, 14-15: infirmatur quis in vobis? Inducat presbyteros Ecclesiae, et orent super eum,

편 3절 말씀입니다. "너의 모든 불의에 대해 속죄해 주시고, 너의 모든 병들을 고쳐주시는 분".

그런데 고해성사 안에는 세 가지가 있어야 합니다. 죄를 삼가 겠다는 결심과 함께 죄에 대해 고통을 느끼는 통회(contritio), 순전한 마음으로 드리는 죄의 고백(confessio), 선행을 통한 보속(satisfactio)이 그것입니다.

134. 다섯 번째 성사는 종유성사[61](extrema unctio)입니다. 현세의 삶에는 죄로부터 완전하게 정화되는 것을 방해하는 수많은 것들이 있습니다. 제대로 정화되지 않고는 아무도 영원한 생명 안으로 들어갈 수 없기 때문에, 사람을 죄로부터 정화해주고, 병에서 건져주며, 천국에 들어갈 수 있도록 준비시켜주는 또 다른 성사가 필요했습니다. 이것이 종유성사입니다. 하지만 이 성사가 항상 육체적으로 고쳐주는 것만은 아니며, 그것은 아마도 생명의 연장이 영혼의 구원에 적합하지 않기 때문일 것입니다. 야고보서 5장 14-15절 말씀입니다. "여러분 가운데 누가 병이 들었습니까? 그러면 교회의 장로들을 부르시오. 그리고 그들이 주님의 이름으로 그에게 기름을

---

61 종유성사는 죽음에 임박해서 받는 마지막 기름 바름의 성사이다. 그런데 이 성사는 그 성서적 근거인 야고보서 5장 14절처럼 병자를 위한 기름 바름에서 출발했고 명칭도 병자 도유(oleum infirmorum)였다. 그러던 것이 8세기에 이르러 이 성사를 임종 직전까지 미루게 되고 명칭도 종유(extrema unctio)로 변화되었다. 하지만 제2차 바티칸 공의회에서 성서와 교부학의 연구를 통해서 원래의 병자를 위한 도유 성사로 되돌려 놓았다. 한국 가톨릭교회에서 사용하는 명칭은 병자 성사이다. 종유성사에 대한 가톨릭 교회의 용어는 종부성사이다. 보다 자세한 설명은 다음 책을 참고하라. 손희송, 『일곱 성사, 하느님 은총의 표지』, 가톨릭대학교 출판부, 2011, 275-287.

ungentes eum oleo in nomine domini: et oratio fidei salvabit infirmum, et alleviabit eum dominus; et si in peccatis sit, remittentur ei.

135. Sic ergo patet quod per quinque sacramenta quae praedicta sunt, habetur perfectio vitae. Sed quia necessarium est quod huiusmodi sacramenta conferantur per determinatos ministros, ideo fuit necessarium sacramentum ordinis, cuius ministerio huiusmodi sacramenta dispensarentur. Nec est attendenda ad hoc eorum vita, si aliquando ad mala declinant; sed virtus Christi, per quam ipsa sacramenta efficaciam habent, quorum ipsi dispensatores sunt: apostolus, I Cor. IV, 1: sic nos existimet homo ut ministros Christi, et dispensatores mysteriorum Dei; et hoc est sextum sacramentum, scilicet ordinis.

136. Septimum sacramentum est matrimonium, in quo si munde vivunt, homines salvantur, et possunt sine peccato mortali vivere. Et interdum declinant coniugati ad venialia, quando eorum concupiscentia non fertur extra bona matrimonii; et si efferatur extra, tunc declinant ad mortale.

바르고 그를 위해 기도하게 하십시오. 그러면 믿음의 기도는 병자를 구원할 것이고, 주님은 그를 가볍게 하실 것입니다. 그리고 그가 만약 죄 가운데 있다면, 죄 용서를 받을 것입니다."

135. 이와 같이 우리가 앞에서 말한 다섯 가지 성사를 통해서 삶의 완전성을 얻는다는 것은 분명합니다. 하지만 이 성사들이 지정된 성직자들에 의해서 집행되는 것이 필요하므로 성품성사(ordo)[62]가 필요했습니다. 이 성품성사에 의해 다른 성사들이 거행될 것입니다. 그리고 이를 위해서, 비록 성직자들이 가끔 악으로 치닫기도 하지만, 그들의 삶을 쳐다봐서는 안 됩니다. 성사들은 그리스도의 덕을 통해 효력을 가지며, 성직자들은 이런 성사들의 분배자입니다. 고린도전서 4장 1절 말씀입니다. "이렇게 사람이 우리를 그리스도의 봉사자로, 그리고 하나님 신비의 분배자로 여기시기를." 이것이 여섯 번째 성사, 즉 성품성사입니다.

136. 일곱 번째 성사는 혼인성사(matrimonium)입니다. 사람이 혼인을 하여 순결하게 산다면, 그들은 구원을 받고, 치명적인 죄를 저지르지 않고 살 수 있습니다. 결혼한 이들은, 그들의 정욕이 결혼이라고 하는 선 밖을 향하지 않을 때라도 종종 가벼운 죄로 기웁니다. 그리고 만약 정욕이 결혼이라고 하는 선 밖으로 분출된다면, 그들은 그때 치명적인 죄로 기웁니다.

62 성품성사(聖品聖事)

137. Per haec autem septem sacramenta consequimur peccatorum remissionem. Et ideo hic statim subditur: remissionem peccatorum.

Per hoc etiam datum est apostolis dimittere peccata. Et ideo credendum est quod ministri Ecclesiae, ad quos derivata est huiusmodi potestas ab apostolis, et ad apostolos a Christo, in Ecclesia habeant potestatem ligandi atque solvendi, et quod in Ecclesia sit plena potestas dimittendi peccata, sed gradatim, scilicet a Papa in alios praelatos.

138. Sciendum est etiam, quod non solum virtus passionis Christi communicatur nobis, sed etiam meritum vitae Christi. Et quidquid boni fecerunt omnes sancti, communicatur in caritate existentibus, quia omnes unum sunt: Psal. CXVIII, 63: particeps ego sum omnium timentium te. Et inde est quod qui in caritate vivit, particeps est omnis boni quod fit in toto mundo; sed tamen specialius illi pro quibus specialius fit aliquod bonum. Nam unus potest satisfacere pro alio, sicut patet in beneficiis, ad quae plures congregationes admittunt aliquos.

137. 이 칠성사를 통해서 우리는 죄 용서를 얻습니다. 그러므로 여기서 즉시 "나는 죄를 용서해주는 것을 믿습니다"가 덧붙여집니다.

또한 이를 통해 죄를 용서하는 것이 사도들에게 주어졌습니다. 그리하여 사도들이 그리스도에게서 받은 능력을 교회의 사역자들에게 물려주었고, 이들이 교회 안에서 묶기도 하고 풀기도 할 능력을 가지고 있다는 것을 믿어야만 합니다. 또한 교회 안에는 죄를 용서할 충만한 능력이 있지만 그것은 단계적으로, 즉 교황으로부터 다른 고위 성직자들에게 전수되는 단계적인 방식으로 집행된다는 것을 믿어야 합니다.

138. 또한 그리스도의 수난의 덕만이 아니라 그분의 삶의 공로 역시 우리에게 전해진다는 것을 알아야 합니다. 모든 성도들이 행한 선은 그것이 어떤 것이든지 사랑 안에서 존재하는 모든 이에게 전해집니다. 사랑 안에 거하는 모든 이는 하나이기 때문입니다. 시편 118[119]편 63절 말씀입니다. "나는 당신을 두려워하는 모든 이의 참여자입니다." 그러므로 사랑 안에서 사는 사람은 온 세상에서 일어나는 모든 선의 참여자입니다. 하지만 보다 특별한 어떤 선이 그들을 위해 행해진 이들은, 보다 특별한 방식으로 그 선에 참여합니다. 왜냐하면 수많은 수도회가 어떤 사람들에게 허용하는 선행에서 분명하게 보이는 것처럼, 한 사람이 다른 사람을 위해 보속을 할 수 있기 때문입니다.

139. Sic ergo per hanc communionem consequimur duo: unum scilicet quod meritum Christi communicatur omnibus; aliud quod bonum unius communicatur alteri. Unde excommunicati, per hoc quod sunt extra Ecclesiam, perdunt partem omnium bonorum quae fiunt; quod est maius damnum quam damnum alicuius rei temporalis. Est etiam aliud periculum: quia constat quod per huiusmodi suffragia impeditur Diabolus ne possit nos tentare: unde quando quis excluditur ab huiusmodi suffragiis, Diabolus facilius vincit eum. Et inde est quod in primitiva Ecclesia, cum aliquis excommunicabatur, statim Diabolus vexabat eum corporaliter.

Articulus 11
Carnis resurrectionem

140. Spiritus sanctus non solum sanctificat Ecclesiam quantum ad animam, sed virtute eius resurgent corpora nostra. Rom. 4, 24: qui suscitavit Iesum Christum dominum nostrum a mortuis; et I Cor. XV, 21: quoniam quidem per hominem mors, et per hominem

139. 그러므로 이 교제를 통하여 우리는 두 가지를 얻습니다. 하나는 그리스도의 공로가 모든 이에게 전해진다는 것이고, 다른 하나는 어떤 한 사람의 선이 다른 사람에게도 전해진다는 것입니다. 그러므로 출교된 사람들은 그들이 교회 밖에 있다는 이유 때문에 그 안에서 이루어진 모든 선의 어떤 부분에도 참여할 수 없습니다. 그들이 잃은 것은 세상의 어떤 일시적인 것의 상실보다 더욱 큰 것입니다. 또 다른 위험도 존재합니다. 이러한 중보기도를 통해 악마가 우리를 시험하지 못하도록 막는다는 것은 분명한 사실입니다. 그러므로 어떤 사람이 이런 중보기도로부터 배제될 때 악마는 그를 보다 쉽게 정복합니다. 그리고 바로 이 때문에 초기 교회에서 어떤 사람이 출교 당했을 때, 악마가 곧바로 그를 육체적으로 괴롭히곤 했던 것입니다.

11항.
"육체의 부활을 [나는 믿습니다.]"

140. 성령께서는 교회를 영혼과 관계하여 거룩하게 하실 뿐만 아니라 그의 능력으로 우리 몸을 부활시키실 것입니다. 로마서 4장 24절 말씀입니다. "우리 주 예수 그리스도를 죽은 자들 가운데서 부활시키신 분." 또한 고린도전서 15장 21절 말씀입니다. "한 사람으로 인해 죽음이 들어왔기 때문에, 또한 한 사람으로 인해 죽은 자들의

resurrectio mortuorum. Et ideo credimus secundum fidem nostram, resurrectionem mortuorum futuram.

141. Circa quam quatuor consideranda occurrunt.

Primum est utilitas, quae ex fide resurrectionis provenit; secundum est qualitas resurgentium, quantum ad omnes in generali; tertium quantum ad bonos; quartum quantum ad malos in speciali.

Circa primum sciendum, quod ad quatuor est nobis utilis fides et spes resurrectionis.

Primo ad tollendum tristitias quas ex mortuis concipimus. Impossibile est enim quod homo non doleat ad mortem cari sui; sed per hoc quod sperat eum resurrecturum, multum temperatur dolor mortis. I Thess. IV, 12: nolumus vos ignorare, fratres, de dormientibus, ut non contristemini, sicut et ceteri qui spem non habent.

142. Secundo aufert timorem mortis. Nam si homo post mortem non speraret aliam vitam meliorem, sine dubio mors esset valde timenda, et potius deberet homo quaecumque mala facere, quam incurrere mortem. Sed quia credimus esse aliam

부활이 옵니다." 그러므로 우리는 우리의 신앙을 따라서 죽은 자들이 장차 부활할 것을 믿습니다.

141. 미래의 부활과 관련하여 네 가지를 고려해야 합니다.

첫째는 부활에 대한 믿음으로부터 오는 유익입니다. 둘째는 일반적으로 모든 이들과 관련된 부활하는 사람의 속성입니다. 셋째는 선한 이들과 관련된 부활하는 사람의 속성입니다. 넷째는 특별히 악한 이들과 관련된 부활하는 사람의 속성입니다.

첫째 사항에 관해서는 부활에 대한 믿음과 소망은 네 가지 점에서 우리에게 유익하다는 것을 알아야 합니다.

첫째, 그것은 우리가 죽은 이들에게서 느끼는 슬픔을 없애는 데 유익합니다. 사실 사람이 자신의 소중한 존재가 죽었는데 고통을 느끼지 않는다는 것은 불가능합니다. 하지만 소중한 존재가 부활할 것을 소망함으로써 죽음에 대한 고통이 많이 완화됩니다. 데살로니가전서 4장 13절 말씀입니다. "형제들이여, 우리는 여러분들이 희망을 가지지 못한 어떤 사람들처럼 슬퍼하지 않도록 하기 위해서 여러분들이 잠든 자들에 관하여 무지한 것을 원치 않습니다."

142. 둘째, 부활에 대한 우리의 믿음과 소망은 죽음에 대한 두려움을 없애줍니다. 왜냐하면 사람이 죽음 이후의 보다 나은 삶을 소망하지 않는다면, 의심의 여지없이 죽음을 매우 두려워할 것이기 때문입니다. 게다가 오히려 죽음을 초래할 수 있는 어떤 악이든 행할 것입니다. 하지만 우리는 죽음 이후에 도달할, 더 나은 다른 삶이

vitam meliorem, ad quam perveniemus post mortem, constat quod nullus debet mortem timere, nec timore mortis aliqua mala facere. Hebr. II, 14-15: ut per mortem destrueret eum qui habebat mortis imperium, idest Diabolum; et liberaret eos qui timore mortis per totam vitam obnoxii erant servituti.

143. Tertio reddit sollicitos et studiosos ad bene operandum. Si enim vita hominis esset tantum ista in qua vivimus, non inesset hominibus magnum studium ad bene operandum: quia quidquid faceret, parvum esset, cum eius desiderium non sit ad bonum determinatum secundum certum tempus, sed ad aeternitatem. Sed quia credimus quod per haec quae hic facimus, recipiemus bona aeterna in resurrectione, ideo studemus bona operari. I Cor. XV, 19: si in hac vita tantum in Christo sperantes sumus, miserabiliores sumus omnibus hominibus.

144. Quarto retrahit a malo. Sicut enim spes praemii allicit ad bonum operandum, ita timor poenae, quam credimus malis reservari, retrahit a malo. Ioan. V, 29: et procedent qui bona fecerunt, in resurrectionem

있다는 것을 믿습니다. 따라서 누구도 죽음을 두려워해서는 안 되고, 죽음에 대한 두려움 때문에 어떤 악을 행해서도 안 된다는 것은 분명합니다. 히브리서 2장 14-15절 말씀입니다. "그분(예수)께서는 죽음을 통해 죽음의 권세를 소유했던 자, 즉 악마를 멸하시고, 죽음에 대한 공포로 인해 평생 종살이에 예속되어 있던 이들을 해방하시기 위해 [스스로 우리와 똑같은 본성을 취하셨습니다.]"

143. 셋째, 부활에 대한 우리의 믿음과 소망은 우리로 하여금 제대로 행하기 위해 더욱 정성을 기울이고 열심을 내도록 해줍니다. 사실 사람의 삶이 단지 현세의 삶에 국한되었다면, 사람들은 제대로 행하기 위해 큰 열심을 내지 않을 것입니다. 왜냐하면 그의 바람은 일정한 시간 동안의 한정된 선에 국한되지 않고 오히려 영원을 지향하는 것인 반면, 그가 행하는 것은 어떤 것이든지 작은 일에 불과할 것이기 때문입니다. 하지만 우리는 이곳에서 우리가 행하는 것을 통해 부활할 때 영원한 선을 받을 것임을 믿습니다. 그래서 우리는 선을 행하기 위해서 애씁니다. 고린도전서 15장 19절 말씀입니다. "만약 우리가 단지 현세에서만 그리스도 안에서 소망을 가진다면, 우리는 모든 사람들 가운데서 가장 불쌍한 사람들일 것입니다."

144. 넷째, 부활에 대한 믿음과 소망은 악으로부터 돌아서게 합니다. 실제로 보상에 대한 소망이 선을 행하도록 부추기듯이, 우리가 악인들을 위해 준비되어 있다고 믿는 벌에 대한 두려움은 악에서

vitae; qui vero mala egerunt, in resurrectionem iudicii.

145. Circa secundum sciendum est, quod quantum ad omnes quadruplex conditio attendi potest in resurrectione.

Prima est quantum ad identitatem corporum resurgentium: quia idem corpus quod nunc est, et quantum ad carnem et quantum ad ossa resurget; licet aliqui dixerint quod hoc corpus quod nunc corrumpitur, non resurget; quod est contra apostolum. Ait I Cor. XV, 53: oportet enim corruptibile hoc induere incorruptionem; et quia sacra Scriptura dicit, quod virtute Dei idem corpus ad vitam resurget: Iob XIX, 26: rursum circumdabor pelle mea, et in carne mea videbo Deum.

146. Secunda conditio erit quantum ad qualitatem, quia corpora resurgentia erunt alterius qualitatis quam nunc sint: quia et quantum ad beatos et quantum ad malos corpora erunt incorruptibilia, quia boni erunt semper in gloria, et mali semper in poena eorum. I Cor. XV, 53: oportet corruptibile

돌아서게 합니다. 요한복음 5장 29절 말씀입니다. "선을 행한 이들은 생명의 부활로, 악을 행한 이들은 심판의 부활로 나올 것입니다."

145. 두 번째 사항(모든 이와 관련된 부활한 사람의 속성)과 관계해서는, 모든 이와 관련하여 부활할 때 네 가지 조건을 주목할 수 있음을 알아야 합니다.

첫째 조건은 부활할 몸의 동일성입니다. 왜냐하면 살과 뼈에 있어서 지금 존재하는 것과 같은 몸이 부활할 것이기 때문입니다. 어떤 이들은 지금 소멸하는 이 몸은 부활하지 않을 것이라고 말했지만, 이는 사도의 가르침에 위반되는 것입니다. 사실 사도는 고린도전서 15장 53절에서 말합니다. "이 썩을 존재는 썩지 않음을 덧입어야 합니다." 성경은 하나님의 능력으로 동일한 몸이 생명으로 부활할 것이라고 말합니다. 욥기 19장 26절 말씀입니다. "다시 내가 내 가죽을 입고, 내 살 안에서 하나님을 뵐 것입니다."

146. 두 번째 조건은 속성과 관련될 것입니다. 부활할 몸은 지금과는 다른 속성을 가질 것입니다. 복된 이들이나 악인들이나 공히 몸이 썩지 않을 것입니다. 왜냐하면 선한 이들은 항상 영광 안에 있을 것이고, 악인들은 항상 그들의 벌을 받고 있을 것이기 때문입니다. 고린도전서 15장 53절 말씀입니다. "이 썩을 존재는 썩지 않음을, 이 사멸할 존재는 불멸을 덧입어야 합니다." 또한 몸은 썩지 않

hoc induere incorruptionem, et mortale hoc induere immortalitatem. Et quia corpus erit incorruptibile et immortale, non erit usus ciborum et venereorum: Matth. XXII, 30: in resurrectione neque nubent neque nubentur; sed erunt sicut Angeli Dei in caelo. Et hoc est contra Iudaeos et Saracenos. Iob VII, 10: non revertetur ultra in domum suam.

147. Tertia conditio est quantum ad integritatem, quia omnes et boni et mali resurgent cum omni integritate quae ad perfectionem hominis pertinet; non enim erit ibi caecus vel claudus, nec aliquis defectus. Apostolus I Cor. XV, 52: mortui resurgent incorrupti, idest impassibiles quantum ad corruptiones praesentes.

148. Quarta conditio est quantum ad aetatem, quia omnes resurgent in aetate perfecta, idest triginta trium vel duorum annorum. Cuius ratio est, quia qui nondum pervenerunt ad hoc, non habent aetatem perfectam, et senes hanc iam amiserunt: et ideo

고 불멸할 것이기에, 음식과 성의 사용이 없을 것입니다.[63] 마태복음 22장 30절 말씀입니다. "부활하면, 시집도 가지 않을 것이고 장가도 가지 않을 것입니다. 하늘에 있는 하나님의 천사들과 같을 것입니다." 이것은 유대인들과 사라센인들이 생각하는 것과 반대되는 것입니다. 욥기 7장 10절 말씀입니다. "그(지옥에 내려간 이)는 더 이상 자신의 집에 돌아오지 않을 것입니다."

147. 세 번째 조건은 부활할 몸의 온전성과 관련된 것입니다. 선한 이도 악한 이도, 모두가 인간의 완전성에 속하는 것을 온전하게 지니고 부활할 것입니다. 사실 부활할 몸에서는 시각장애인도, 다리를 저는 이도, 다른 지체 장애자도 없을 것입니다.[64] 고린도전서 15장 52절 말씀입니다. "죽은 이들은 썩지 않을 것으로 부활할 것입니다." 다시 말해 그들은 현재의 부패와 관련된 그 어떤 것도 겪지 않을 것입니다.

148. 네 번째 조건은 나이와 관련된 것입니다. 모든 이는 가장 완전한 나이, 곧 서른세 살 혹은 서른두 살의 나이로 부활할 것입니다.[65]

---

63 Thomas-Lexikon, Corpusthomisticum venereus, a, um: geschlechtlich.
64 CG IV, 89, 2.
65 『대이교도대전』에서는 '그리스도의 나이로 부활할 것이다'라고 말한다. CG IV, 88, 5. 부활의 나이를 이렇게 추정하는 것이 현대인들에게는 낯설어 보일 수 있을 것이다. 하지만 고중세인들에게서는 드물지 않게 이런 추정을 발견할 수 있다. 아우구스티누스의 글에도 이와 유사한 부활 나이의 추측이 발견된다. 아우구스티누스는 각자가 죽은 나이에 상관없이 그리스도께서 현세에서 당도한 연세와 체력으로 부활할 것이라는 추측을 조심스럽게 표현한다. 그는 세상의 매우 유식한 사람들도 청장년기를 서른 살 가량이라고 정의한다는 말을 넛붙인다. 아우구스티누스, 『신국론』 22권 15, 성염 여주, 2645.

iuvenibus et pueris addetur quod deest, senibus vero restituetur. Ephes. IV, 13: donec occurramus omnes in (...) virum perfectum, in mensuram aetatis plenitudinis Christi.

149. Circa tertium sciendum est, quod quantum ad bonos erit specialis gloria, quia sancti habebunt corpora glorificata in quibus erit quadruplex conditio.

Prima est claritas: Matth. XIII, 43: fulgebunt iusti sicut sol in regno patris eorum. Secunda est impassibilitas; I Cor. XV, 43: seminatur in ignobilitate, surget in gloria; Apoc. XXI, 4: absterget Deus omnem lacrymam ab oculis eorum; et mors ultra non erit, neque luctus neque clamor neque dolor erit ultra, quia prima abierunt. Tertia est agilitas: Sap. III, 7: fulgebunt iusti, et sicut scintillae in arundineto discurrent. Quarta est subtilitas: I Cor. XV, 44: seminatur corpus animale, surget corpus spiritale: non quod omnino sit spiritus, sed quia erit totaliter spiritui subiectum.

그 이유는 아직 이 나이가 안 된 사람들은 완전한 나이에 이르지 못하였고, 또한 노인들은 이 나이를 이미 상실했기 때문입니다. 그러므로 젊은이들과 아이들에게는 부족한 것이 더해질 것이고, 노인들에게는 그들이 잃어버린 것들이 회복될 것입니다. 에베소서 4장 13절 말씀입니다. "우리 모두는 그리스도의 충만한 나이의 척도에 따라 완전한 사람에 이르도록 합시다."

149. 세 번째 상태와 관련하여서는 선한 이들에게는 특별한 영광이 있을 것이라는 것을 알아야 합니다. 그것은 성도들이 사중적인 상태로 이루어진 영화롭게 된 몸을 가질 것이라는 점입니다.[66]

첫째 상태는 광채입니다. 마태복음 13장 43절 말씀입니다. "의인들은 그들의 아버지의 왕국에서 태양처럼 빛날 것이다." 둘째 상태는 무정념입니다. 고린도전서 15장 43절 말씀입니다. "비천함 속에 심지만, 영광 안에서 부활할 것입니다." 요한계시록 21장 4절 말씀입니다. "하나님께서 그들의 눈에서 모든 눈물을 닦아주실 것이다. 그리고 더 이상 죽음도, 슬픔도, 신음도, 고통도 없을 것이다. 첫째 상태는 지나갈 것이기 때문이다." 셋째 상태는 민첩성입니다. 지혜서 3장 7절 말씀입니다. "의인은 불꽃이 갈대밭에 번지듯이 빛날 것이다." 넷째 상태는 섬세함입니다. 고린도전서 15장 44절 말씀입니다. "동물적인 몸을 심지만, 영적인 몸으로 부활할 것입니다." 이는 그 몸이 전적으로 영이기 때문이어서가 아니라 전적으로 영에 복종할 것이기 때문입니다.

---

66 『신학요강』 1부 168장, 박승찬 옮김, 282.

150. Circa quartum sciendum, quod damnatorum conditio contraria erit conditioni beatorum, quia erit in eis poena aeterna: in qua est quadruplex mala conditio. Nam corpora eorum erunt obscura: Isai. XIII, 8: facies combustae vultus eorum. Item passibilia, licet nunquam corrumpantur; quia semper in igne ardebunt, et nunquam consummabuntur: Isai. LXVI, 24: vermis eorum non morietur, et ignis eorum non extinguetur. Item erunt gravia: anima enim erit ibi quasi catenata: Psal. CXLIX, 8: ad alligandos reges eorum in compedibus. Item erunt quodammodo carnalia et anima et corpus: Ioel. I, 17: computruerunt iumenta et in stercore suo.

Articulus 12
Vitam aeternam. Amen

151. Convenienter in fine omnium desideriorum nostrorum, scilicet in vita aeterna, finis datur credendis in symbolo, cum dicitur: vitam aeternam. Amen. Contra quod dicunt illi qui ponunt animam interire cum corpore. Si enim hoc esset verum, homo

150. 네 번째 사항과 관계해서는, 정죄 받은 이들의 상태는 복된 이들의 상태와는 정반대라는 것을 알아야 합니다. 왜냐하면 그들에게는 영원한 벌이 있을 것이기 때문입니다. 영원한 벌 안에는 사중적인 나쁜 상태가 있습니다. 그들의 몸은 어두워질 것입니다. 이사야 13장 8절 말씀입니다. "그들의 얼굴은 불에 탄 모습입니다." 또한 그들의 몸은 비록 결코 썩지 않으면서도 고통을 겪을 것입니다. 그들의 몸은 항상 불 가운데서 타면서도 결코 연소되지는 않을 것이기 때문입니다. 이사야 66장 24절 말씀입니다. "그들의 벌레는 죽지 않을 것이고, 그들의 불은 꺼지지 않을 것이다." 또한 그들의 몸은 무거워질 것입니다. 영혼이 거기에 거의 묶여 있을 것이기 때문입니다. 시편 149편 8절 말씀입니다. "저들의 임금들을 사슬로 묶기 위해." 또한 어떤 면에서 그들의 영혼과 몸은 육적일 것입니다. 요엘 1장 17절 말씀입니다. "짐을 나르는 짐승들은 그 배설물 속에서 부패했다."

12항.
"영생을 [나는 믿습니다.] 아멘."

151. "영생을 [나는 믿습니다.] 아멘."이라고 말할 때, 우리가 바라는 것들의 최종 조항, 즉 사도신경에 나오는 신앙 조항들의 목적이 영생에 주어진 것은 적절한 일입니다. 이것은 영혼이 몸과 함께 죽는다고 주장하는 이들의 의견을 반박하는 것입니다. 만약 이들의 주

esset eiusdem conditionis cum brutis: et istis convenit illud Psal. XLVIII, 21: homo, cum in honore esset, non intellexit; comparatus est iumentis insipientibus, et similis factus est illis. Anima enim humana assimilatur Deo in immortalitate, ex parte autem sensualitatis assimilatur bestiis. Cum ergo credit quis quod anima moriatur cum corpore, recedit a Dei similitudine, et bestiis comparatur: contra quos dicitur Sap. II, 22-23: neque mercedem speraverunt iustitiae, nec iudicaverunt honorem animarum sanctarum: quoniam Deus creavit hominem inexterminabilem, et ad imaginem similitudinis suae fecit illum.

152. Est autem primo considerandum in hoc articulo, quae vita sit vita aeterna.

Circa quod sciendum quod in vita aeterna primum est quod homo coniungitur Deo. Nam ipse Deus est praemium et finis omnium laborum nostrorum: Gen. XV, 1: ego protector tuus sum, et merces tua magna nimis.

Consistit autem haec coniunctio in perfecta visione: I Cor. XIII, 12: videmus nunc per speculum in aenigmate: tunc autem facie ad faciem.

Item consistit in summa laude: Augustinus, in 22 de

장이 참되다면, 사람은 짐승들과 같은 상황에 놓일 것입니다. 이 사람들에게는 시편 48[49]편 21절 말씀이 적합합니다. "사람은 영예로운 상태에 있었지만, 그것을 이해하지 못했다. 그래서 그는 이성이 없는 짐승에 비교되었고, 그것과 비슷하게 되었다." 사실 인간의 영혼은 불멸성에 있어서는 하나님과 비슷하고, 감각적인 부분에 있어서는 짐승과 비슷합니다. 그러므로 영혼이 몸과 함께 죽는다고 믿는 이는 하나님과의 닮음에서 멀어지고 짐승과 동등해집니다. 지혜서 2장 22-23절 말씀입니다. "그들은 정의의 보상을 희망하지도 않았고, 거룩한 영혼의 영예를 믿지도 않았습니다. 하나님께서는 사람을 불멸하도록 창조하셨고 그분과 닮은 형상이 되도록 만드셨습니다."

152. 이 신앙 조항에서 첫째로 고려해야 하는 것은 영생이 어떤 삶인가라는 것입니다.

이 점에 관하여 다음의 사실을 알아야 합니다. 영생에 있어서 첫째 요소는 사람이 하나님과 연합된다는 것입니다. 진실로 하나님 자신은 우리 모든 노고의 보상이요 목적입니다. 창세기 15장 1절 말씀입니다. "나는 네 보호자이며, 너의 엄청나게 큰 보상이니라."

그런데 이 연합은 완전하게 보는 것에 있습니다. 고린도전서 13장 12절 말씀입니다. "지금은 우리가 거울을 통해 희미하게 보지만, 그때는 얼굴과 얼굴을 맞대고 볼 것입니다."

또한 이 연합은 최고의 찬양에 있습니다. 아우구스티누스는 『하나님의 도성』 22권에서 이렇게 말합니다. "우리는 보고, 사랑하고,

Civit. Dei: videbimus, amabimus, et laudabimus; Isai. LI, 3: gaudium et laetitia invenietur in ea, gratiarum actio, et vox laudis.

153. Item in perfecta satietate desiderii: nam ibi habebit quilibet beatus ultra desiderata et sperata.

Cuius ratio est, quia nullus potest in vita ista implere desiderium suum, nec unquam aliquod creatum satiat desiderium hominis: Deus enim solus satiat, et in infinitum excedit: et inde est quod non quiescit nisi in Deo, Augustinus, in I Conf.: fecisti nos, domine, ad te, et inquietum est cor nostrum donec requiescat in te. Et quia sancti in patria perfecte habebunt Deum, manifestum est quod satiabitur desiderium eorum, et adhuc gloria excedet. Et ideo dicit dominus, Matth. XXV, 21: intra in gaudium domini tui. Augustinus: totum gaudium non intrabit in gaudentes, sed toti gaudentes intrabunt in gaudium.

찬양할 것입니다."[67] 이사야 51장 3절 말씀입니다. "그것들 안에서 기쁨과 환희, 감사의 행위와 찬양의 목소리를 발견하게 될 것입니다."

153. 또한 영원한 삶은 욕구가 완전하게 충족되는 것에 있습니다. 사실 행복한 사람[68]은 누구나 갈망하고 소망했던 것을 더 능가하는 것을 소유할 것입니다.

그 이유는 현세에서는 아무도 자신의 욕구를 채울 수 없기 때문입니다. 그리고 창조된 것은 사람의 욕구를 결코 충족시키지 못합니다. 사실상 오직 하나님만이 그것을 충족시키시며, 무한히 초월하십니다. 그래서 사람은 하나님 안에서가 아니면 안식을 얻지 못합니다. 아우구스티누스는 『고백록』 1권에서 이렇게 말합니다. "주님, 당신은 우리를 당신을 위해 만드셨습니다. 그래서 우리 마음은 당신 안에서 안식을 얻기까지는 안식이 없습니다."[69] 성도들은 본향에서 하나님을 완전히 소유할 것이기에, 그들의 욕구가 완전하게 충족될 것이며, 더 나아가 그들의 영광도 월등할 것이라는 점은 분명합니다. 마태복음 25장 21절 말씀입니다. "너의 주인의 기쁨에 들어가라." 아우구스티누스는 이렇게 말합니다. "모든 기쁨이 기뻐하는 이들 속에 들어갈 것이 아니라 반대로 모든 기뻐하는 이들이 기쁨 속으로 들어갈 것입니다." 시편 16[17]편 15절 말씀입니다. "당신

---

67 아우구스티누스, 『신국론』 22, 30, 5, 성염 역주, 2731.
68 토마스 아퀴나스는 인간의 "궁극적이고 완전한 행복은 하나님의 본질을 보는 것"이라고 말한다. ST I-II, 3, 8, c. 인간은 현세에서는 하나님의 본질을 볼 수 없다. 따라서 행복한 사람(beatus)은 내세에 하나님의 본질을 보게 될 사람이다. ST I, 12, 1, c.
69 아우구스티누스, 『고백록』 1, 1, 선한용 옮김, 대한기독교서회, 1990, 19.

Psal. XVI, 15: satiabor cum apparuerit gloria tua; et iterum CII, 5: qui replet in bonis desiderium tuum.

154. Quidquid enim delectabile est, totum est ibi superabundanter. Si enim appetuntur delectationes, ibi erit summa et perfectissima delectatio, quia de summo bono, scilicet Deo: Iob XXII, 26: tunc super omnipotentem deliciis afflues; Psal. XV, 11: delectationes in dextera tua usque in finem. Item si appetuntur honores, ibi erit omnis honor. Homines praecipue desiderant esse reges, quantum ad laicos, et episcopi, quantum ad clericos: et utrumque erit ibi: Apoc. V, 10: fecisti nos Deo nostro regnum et sacerdotes; Sap. V, 5: ecce quomodo computati sunt inter filios Dei. Item si scientia appetitur, ibi erit perfectissima: quia omnes naturas rerum et omnem veritatem, et quidquid volemus, sciemus, et quidquid volumus habere, habebimus ibi cum ipsa vita aeterna. Sap. VII, 11: venerunt mihi omnia bona pariter cum illa. Prov. X, 24: desiderium suum iustis dabitur.

의 영광이 나타날 때, 나는 충족될 것입니다." 또한 시편 102[103]편 5절 말씀입니다. "너희의 욕구를 선한 것으로 채우시는 분."

154. 즐거운 것은 무엇이든지 모두 거기에(영원한 삶 안에) 풍성히 있습니다. 즐거움을 갈망한다면, 거기에 최고의 그리고 가장 완전한 즐거움이 있을 것입니다. 그것은 최고선, 즉 하나님으로부터 오는 즐거움이기 때문입니다. 욥기 22장 26절 말씀입니다. "너는 전능하신 분에게서 감미로움을 풍부하게 누릴 것이다." 시편 15편 11절 말씀입니다. "즐거움이 네 오른편에 끝까지 있을 것이다."

마찬가지로 명예가 사람들이 원하는 것이라면, 거기에(영원한 삶 안에) 모든 명예가 있을 것입니다. 사람들이 세속적인 경우에는 특별히 왕이 되기를 원하고, 성직자인 경우에는 특별히 주교가 되기를 원합니다. 그런데 영원한 삶에는 이 두 가지가 다 있을 것입니다. 요한계시록 5장 10절 말씀입니다. "당신은 우리를, 우리 하나님을 위해 왕과 제사장으로 만드셨습니다." 지혜서 5장 5절 말씀입니다. "그들이 어떻게 하나님의 아들의 반열 가운데서 계수되는지를 보라."

마찬가지로 지식이 사람들이 원하는 것이라면, 영원한 삶에는 가장 완전한 지식이 있을 것입니다. 우리는 모든 사물들의 본질과 진리, 그리고 우리가 원하는 것이라면 무엇이든지 알게 될 것이기 때문입니다. 또한 우리가 갖고자 하는 것은 무엇이든지 영원한 삶과 함께 소유할 것이기 때문입니다. 지혜서 7장 11절 말씀입니다. "마찬가지로 모든 선한 것들이 저것(지혜)과 함께 내게로 올 것입니다." 잠언 10장 24절 말씀입니다. "의인들은 자신들이 바라는 것을 얻게 될 것입니다."

155. Tertio consistit in perfecta securitate: nam in mundo isto non est perfecta securitas: quia quanto quis habet plura et magis eminet, tanto plura timet et pluribus indiget; sed in vita aeterna nulla est tristitia, nullus labor, nullus timor. Prov. I 33: abundantia perfruetur, malorum timore sublato.

156. Quarto consistit in omnium beatorum iucunda societate, quae societas erit maxime delectabilis: quia quilibet habebit omnia bona cum omnibus beatis. Nam quilibet diliget alium sicut seipsum; et ideo gaudebit de bono alterius sicut de suo. Quo fit ut tantum augeatur laetitia et gaudium unius, quantum est gaudium omnium. Psal. LXXXVI, 7: sicut laetantium omnium habitatio est in te.

157. Haec quae dicta sunt, et multa ineffabilia habebunt sancti qui erunt in patria. Mali vero, qui erunt in morte aeterna, non minus habebunt de dolore et poena quam boni de gaudio et gloria.

155. 셋째로 영원한 삶은 완전한 안전에 있습니다. 사실 이 세상에는 완전한 안전이란 존재하지 않습니다. 누군가가 더 많은 것을 소유하고 더 많이 유명해질수록, 그에 비례하여 그는 더 많은 것을 두려워할 것이며 더 많은 필요를 느끼게 될 것이기 때문입니다. 하지만 영원한 삶에는 어떤 슬픔도, 어떤 노고도, 어떤 두려움도 없을 것입니다. 잠언 1장 33절 말씀입니다. "그는 악에 대한 두려움이 없이 풍부를 즐길 것입니다."

156. 넷째로 영원한 삶은 모든 행복한 사람들과의 즐거운 사귐에 있습니다. 이 사귐은 가장 즐거울 것입니다. 누구나 모든 행복한 사람들과 함께, 모든 선한 것을 소유할 것입니다. 왜냐하면 모두가 다른 사람을 자기 자신처럼 사랑할 것이기 때문입니다. 그러므로 그는 다른 사람의 선을 마치 자기 자신의 것처럼 기뻐할 것입니다. 이로 인해 한 사람의 환희와 기쁨은 모든 이의 기쁨의 양만큼 증가합니다. 시편 86[87]편 7절 말씀입니다. "마치 모든 이의 기쁨이 네 안에 거주하는 것처럼."

157. 지금까지 말한 것만으로는 다 표현하지 못한 수많은 것들을 성도들이 본향에서 누리게 될 것입니다. 반면 악인들은 영원한 죽음 속에 존재할 것이고, 선인들이 누릴 기쁨과 영광에 버금가는 고통과 벌을 받게 될 것입니다.

158. Exaggeratur autem poena eorum, primo ex separatione Dei et omnium bonorum. Et haec est poena damni, quae respondet aversioni, quae poena maior est quam poena sensus. Matth. XXV, 30: inutilem servum eiicite in tenebras exteriores. In vita enim ista mali habent tenebras interiores, scilicet peccati; sed tunc habebunt etiam exteriores.

Secundo ex remorsu conscientiae. Psal. XLIX, 21: arguam te et statuam contra faciem tuam. Sap. V, 3: prae angustia spiritus gementes. Et tamen haec poenitentia et gemitus erit inutilis, quia non propter odium mali, sed propter dolorem poenae.

Tertio ex immensitate poenae sensibilis, scilicet ignis Inferni, qui animam et corpus cruciabit: quae est acerbissima poenarum, sicut dicunt sancti; et erunt sicut semper morientes, et nunquam mortui nec morituri: unde dicitur mors aeterna, quia sicut moriens est in acerbitate poenarum, sic et illi qui sunt in Inferno. Psal. XLVIII, 15: sicut oves in Inferno positi sunt: mors depascet eos.

Quarto ex desperatione salutis. Nam si eis daretur spes liberationis a poenis, eorum poena mitigaretur; sed cum subtrahitur eis omnis spes, poena efficitur

158. 악인들의 벌은 첫째로 하나님과 모든 선한 이들로부터 분리됨으로써 증가합니다. 이 분리는 그들이 하나님을 외면했던 것에 상응하는 상실의 벌입니다. 그것은 감각의 벌보다 더욱 큰 벌입니다. 마태복음 25장 30절 말씀입니다. "무익한 종을 바깥 어둠 속에 내던져라." 사실 악인들은 현세의 삶에서 내적인 어둠, 즉 죄의 어둠을 가지고 있습니다. 하지만 그들은 장차 외적인 어둠도 가질 것입니다.

둘째로 악인들의 벌은 양심의 가책으로 인해 증가합니다. 시편 49[50]편 21절 말씀입니다. "나는 너를 칠 것이고, 네 얼굴 앞에 너를 세울 것이다." 지혜서 5장 3절 말씀입니다. "그들은 가슴이 막혀 신음을 합니다." 하지만 이 후회와 신음은 아무 소용이 없을 것입니다. 왜냐하면 그것은 악에 대한 증오 때문이 아니라 벌로 인한 고통 때문일 것이기 때문입니다.

셋째로 악인들의 고통은 감각적인 벌, 즉 영혼과 몸을 고문할 어마어마한 지옥 불로 인해 증가합니다. 교부들이 말하듯이, 그것은 벌 가운데서도 가장 혹독한 것입니다. 악인들은 언제나 마치 죽는 것 같으면서도, 결코 죽임을 당하지도 죽지도 않을 것입니다. 그래서 이 벌은 영원한 죽음이라고 일컬어집니다. 죽어가는 사람이 가혹한 벌을 받고 있듯이, 지옥에 있는 저들도 그렇습니다. 시편 48편 15절[49편 14절] 말씀입니다. "그들은 양들처럼 지옥에 놓이고, 죽음이 그들을 삼킬 것이다."

넷째로 악인들의 벌은 구원의 희망이 전혀 없음으로 인해 증가합니다. 사실 그들이 형벌에서 벗어날 수 있다는 희망을 갖게 된다면, 그들의 벌은 완화될 것입니다. 하지만 그들에게는 어떤 희망도

gravissima. Isai. LXVI, 24: vermis eorum non morietur, et ignis eorum non extinguetur.

159. Sic ergo patet differentia inter bene operari et male: quia bona opera ducunt ad vitam, mala autem trahunt ad mortem; et propter hoc homines deberent frequenter reducere haec ad memoriam, quia ex hoc provocarentur ad bonum et retraherentur a malo. Unde et signanter in fine omnium ponitur: vitam aeternam, ut semper magis memoriae imprimatur: ad quam vitam nos perducat dominus Iesus Christus, Deus benedictus in saecula saeculorum. Amen.

주어지지 않기 때문에, 형벌이 최대한 무겁기만 합니다. 이사야 66장 24절 말씀입니다. "그들의 벌레는 죽지 않을 것이요, 그들의 불은 꺼지지 않을 것이다."

159. 그러므로 잘 행하는 것과 악하게 행하는 것 사이의 차이는 이토록 분명합니다. 왜냐하면 선한 행위는 생명으로 이끌고, 악한 행위는 죽음으로 이끌기 때문입니다. 이 때문에 사람들은 이것을 자주 기억해야 할 것입니다. 이를 통해서 선을 향해 자극받고 악에서 돌아설 것이기 때문입니다. 그러므로 모든 신조의 마지막에 분명하게 "나는 영원한 삶을 믿습니다"라고 말하는 것입니다. 이는 항상 더 많이 기억할 수 있도록 새겨놓기 위함입니다. 주 예수 그리스도와 세세토록 찬송 받으시는 하나님께서 우리를 이 영원한 삶으로 끝까지 인도하시기를. 아멘.

제3부

부록

1. 사도신경 형성사

사도신경의 기원은 주후 2-3세기 로마에서 사용되던 세례 문답으로 거슬러 올라간다. 215년 혹은 217년에 로마의 히폴리투스가 쓴 『사도적 전승』(Traditio apostolica)에 따르면 수세자는 다음과 같은 삼중의 질문을 받았다. "당신은 전능하신 아버지 하나님을 믿습니까?", "당신은 예수 그리스도를 믿습니까?", "당신은 성령을 믿습니까?"[1]

그 이후 사도신경은 오늘날과 같은 선언문 형식으로 발전되었다. 3세기 로마에서 사용된 선언문 형식은 사도신경의 가장 오래된 형태로서 흔히 《R》[2]로 표기되며 라틴어와 그리스어로 전해졌다. 시간의 흐름 속에서 본문에 약간의 변화가 나타나다가, 6세기경 갈리아 남부에서 일반적으로 《T》[3]로 표기되는 사도신경의 최종 형태가 나타났다.[4] 《R》과 《T》, 다시 말해 《고대로마신경》과 《공인본》 사이의 가장 두드러진 차이는 《T》에 "음부에 내려가셨다"가 첨가된 것이다. 최종 형태인 《T》가 널리 사용되게 된 데는 샤를마뉴 대제

---

1 H. Denzinger, *Symboles et Définitions de la foi catholique*, 10, Paris: Cerf, 1997; J. N. D. Kelly, *Early Christian Creeds*, London, New York, 2006(3rd edition), 95.
2 Symbolum apostolorum romanum. 국내에서 '고대로마신경'으로 알려져 있는 것. H. Denzinger, op. cit. 11.
3 Textus receptus. 국내에서 '공인본'으로 흔히 알려져 있는 것이다.
4 이 형태가 처음 나타나는 것은 아를르의 카이사리우스(d. 543)의 사도신경 설교에서다.

(742-841)의 역할이 컸다. 그는 문화부흥정책을 펴면서, 예배 예전문의 통일성에 높은 위치를 부여하고 자기 치하의 모든 지역에서 통일된 예전문을 채택하도록 했다. 이 징책을 통해 《T》는 먼저 프랑크 왕국에서 사용되었고, 얼마 후 로마에도 도입되었으며 이어서 라틴 교회 전체가 수용하였다.[5]

요컨대 고대 로마 교회에서 사용되던 신앙고백문에서 발전된 사도신경이 서방 교회 전역에서 사용되게 된 배경에는 서방에서 로마가 차지하던 정치적 위상과 프랑크 왕국의 샤를마뉴 대제의 예배 예전문 통일화 정책이 놓여 있었다. 이와 같이 사도신경 형성사는 복잡한 역사적 상황을 반영한다. 그럼에도 그 내용은 신약성서에 나오는 복음을 충실하게 반영하고 있다. 바로 여기에 우리가 사도신경의 모든 조항을 해석할 때 거듭 신약성서로 돌아가서 성서에 비추어 풀이하려고 애써야 하는 이유가 있다.[6]

---

5 J. N. D. Kelly, *Early Christian Creeds*, London, New York, 2006(3rd edition), 420.
6 요셉 라칭어, 『그리스도 신앙 어제와 오늘』, 분도출판사, 2009, 88-89.

2. 니케아-콘스탄티노플 신경 라틴어-한글[7]

사도신경은 서방 교회 전체에서 수용되었지만 동방 교회에서는 니케아-콘스탄티노플 신경을 고백하였다.

1) 해설

니케아-콘스탄티노플 신경은 제1차 세계 보편 공의회에서 채택한 니케아 신경(325)을 381년 콘스탄티노플에서 개최된 제2차 세계 보편 공의회에서 확장한 것이다. 니케아-콘스탄티노플 신경은 교회가 분열되기 이전의 고대 교회의 공식적인 신경으로서, 성자의 신성을 부인한 아리우스주의와 성령의 신성을 거부한 성령훼손자(Pneumatomachi)들을 반박하는 과정에서 형성되었다. 이 신경은 동방에서 급속히 퍼져 나가 처음에는 세례 신경으로서, 이어서 성찬예전문의 일부로 사용되었다. 451년 칼케돈에서 개최된 제4차 세계 보편 공의회에서 동방과 마찬가지로 서방에서도 공식적으로

---

7   원문은 그리스어지만 라틴어로 인용하는 이유는 라틴어로 된 사도신경과의 비교를 용이하게 하기 위해서다. 그리스어 원문과 라틴어 번역문 사이에는 두 가지 차이가 있다. 첫째, 그리스어 원문에서는 신앙고백의 주체가 1인칭 복수("우리는 믿습니다")로 되어 있는 반면, 라틴어 번역문에서는 1인칭 단수("나는 믿습니다")로 되어 있다. 둘째, 라틴어 번역문에서는 *Filioque*가 첨가되어 있다. 이 단어는 "그리고 아들로부터"를 의미한다. 성령이 아버지로부터 나오시는가 아니면 아버지와 아들로부터 나오시는가라는 문제는 동방 교회와 서방 교회의 가장 중요한 신학적 논쟁점에 속한다. 그리스어 원문은 다음 책을 보라. Henrici Denzinger, *Enchiridion symbolorum, definitionum et declarationum de rebus fidei et morum*, 150.

도입되었다. 이 신조는 그리스도교의 세 주요 교파인 정교회, 로마 가톨릭, 개신교가 공히 인정하는 가장 보편적인 신앙고백문이다.[8]

2) 본문

Credo in unum Deum, Patrem omnipotentem, factorem caeli et terrae, visibilium omnium et invisibilium.

Et in unum Dominum Iesum Christum, Filium Dei unigenitum, et ex Patre natum ante omnia saecula, Deum de Deo, Lumen de Lumine, Deum verum de Deo vero, genitum non factum, consubstantialem Patri: per quem omnia facta sunt; qui propter nos homines et propter nostram salutem descendit de caelis, et incarnatus est de Spiritu Sancto ex Maria virgine, et homo factus est, crucifixus etiam pro nobis sub Pontio Pilato, passus et sepultus est, et resurrexit tertia die, secundum Scripturas, et ascendit in caelum, sedet ad dexteram Patris, et iterum venturus est cum gloria,

---

8　J. N. D. Kelly, *Early Christian Creeds*, London, New York, 2006(3rd edition), 296-301; World Council of Churches, *Apostolic Faith Today*, Faith and Order Paper n. 124, Geneva, 1985, 17-19; 이형기(편저), 『세계개혁교회의 신앙고백서』, 대한예수장로회 총회출판국, 1991, 20-27.

iudicare vivos et mortuos: cuius regni non erit finis.

Et in Spiritum Sanctum, Dominum et vivificantem, qui ex Patre Filioque procedit. qui cum Patre et Filio simul adoratur et conglorificatur, qui locutus est per prophetas. Et unam, sanctam, catholicam et apostolicam Ecclesiam. Confiteor unum baptisma in remissionem peccatorum. Et expecto resurrectionem mortuorum, et vitam venturi saeculi. Amen.

나는 하늘과 땅과 유형과 무형의 만물의 창조주, 전능하신 성부, 한 분 하나님을 믿습니다.

그리고 나는 세상이 있기 전에, 성부 하나님에게서 출생하신, 하나님의 독생자, 한 분 주님이신 예수 그리스도를 믿습니다. 그분은 하나님으로부터 나신 하나님, 빛으로부터 나오신 빛, 참 하나님에게서 만들어지신 분이 아니라 태어나신 참 하나님, 성부와 동일 본질이시며, 그분을 통해 모든 것이 만들어졌음을 믿습니다. 그분은 우리 사람들을 위해 그리고 우리의 구원을 위해, 하늘에서 내려오셨으며, 성령과 동정녀 마리아로부터 육화되시어 사람이 되셨습니다. 그분은 본디오 빌라도 아래서 우리를 위하여 고난을 받으시고 십자가에 달리시고 묻히셨지만 성경 말씀대로 삼일 만에 부활하셨고, 하늘에 오르셔서 성부 오른편에 앉아 계십니다. 그리고 그분은 산 자와 죽은 자를 심판하시기 위해 영광스럽게 다시 오실 것이며, 그의 나라는 끝이 없을 것입니다.

그리고 나는 성령을 믿습니다. 성령은 주님이시며, 생명을 주시는 분이시며, 성부와 성자로부터 나오셨으며, 성부와 성자와 함께 예배와 영광을 받으시며, 예언자들을 통하여 말씀하신 분이심을 믿습니다.

그리고 나는 하나의, 거룩하고 보편적이고, 사도적인 교회를 믿습니다.

또한 나는 죄를 사하는 하나의 세례가 있음을 고백하며, 죽은 자의 부활과 내세의 삶을 기다립니다.

3) 사도신경과 니케아-콘스탄티노플 신경의 비교

사도신경과 니케아-콘스탄티노플 신경을 비교해보면 사도신경은 구원론적 성격과 기독론적 성격이 강하다. 즉 하나님이 인간의 구원을 위해 사람이 되셨다는 사실에 초점이 맞춰져 있다. 반면에 니케아-콘스탄티노플 신경은 그리스도교 신앙을 우주적이고 형이상학적 관점에서 이해하려고 했기 때문에 기독론과 창조론을 연결하면서 성육신의 일회성과 창조의 영속성의 밀접한 연관성을 강조한다. 하지만 이 두 신앙고백의 차이점은 내용상의 차이라기보다는 신학적 강조점의 차이로 볼 수 있다. 사실 그 내용에 있어서는 두 신경의 핵심이 공히 삼위일체 하나님에 대한 신앙고백이기 때문이다.

3. '사도신경'(symbolum apostolorum)의 의미

'사도신경'(symbolum apostolorum)이라는 명칭은 390년 밀라노 교회 회의(synod)가 시리키우스 교황에게 보낸 편지에서 처음 발견된다.[9] 이 명칭이 포함하고 있는 두 단어, 즉 'symbolum'(신경)과 'apostolorum'(사도들의[10])의 의미를 간략히 살펴보면 다음과 같다.

1) '사도들의'(apostolorum) – 사도성의 의미

이탈리아 북부에 위치한 아퀼레이아 출신 수도사인 루피누스(Tyrannius Rufinus, c. 345-410)는 사도신경 강해를 쓰면서 사도신경이 만들어진 배경을 다음과 같이 기록하고 있다. 오순절날 성령으로 충만하여 다양한 언어를 말할 수 있는 능력을 받은 예수님의 열두 제자는 세계 만민에게 하나님의 말씀을 전하러 가기 위해 흩어지기 전, 앞으로 설교할 일치된 신앙 규범을 만들려고 했다. 이를 위해 돌아가면서 차례대로 각각 한 구절씩 표현한 후 그것을 모아서 사도신경을 만들었다는 것이다. 루피누스가 기록한 이 전승은 오랫동안 수용되었다. 하지만 15세기부터 이 전승은 경건한 전설이라는 것이 알려지기 시작했다. 특히 르네상스 인문주의의 전파자인 로렌조 발라는 열두 사도의 사도신경 저자설을 문헌비평을 통해 날

---

9 밀라노의 주교 암브로시우스가 초안을 작성한 편지. Ambrosius, *Ep.* 42, 5.
10 apostolorum은 사도를 의미하는 라틴어 단어 apostolus의 복수 속격형태로서 '사도들의'를 의미한다.

카롭게 비판하였다. 종교개혁기 이래로 절대다수의 학자들은 이 전승을 역사적인 근거가 없는 것으로 보았다. 따라서 오늘날 사도신경의 사도성이 사도들이 직접 사도신경을 작성했다는 점에 있지 않고, 그 내용이 신약성서에 기록되어 있는 사도들의 증언 내용과 일치한다는 점에 있다는 것은 주지의 사실이다.

2) '신경'(symbolum)의 의미

'사도신경'(symbolum apostolorum)이라는 명칭에서 사도성의 의미를 밝혔으니 신경의 의미를 살펴볼 차례이다. 신경은 라틴어 symbolum을 옮긴 것이다. 그럼 이 단어의 의미는 무엇일까? 오늘날 '사도신경'에 사용되는 것과 동일한 의미를 암시하면서 '신경'이라는 단어를 처음 사용한 것으로 자주 인용되는 것은 테르툴리아누스의 글이다.[11] 테르툴리아누스는 흑해에서 선주로서 큰 재산을 모은 이단 마르키온이 구약과 사도행전을 거부하기 위해 바울을 사도로 받아들이는 것을 보고 그에게 "어떤 표(quo symbolo)로 사도 바울을 당신의 배에 태웠는가?"라는 야유 섞인 질문을 던진다. 여기서 symbolum이라는 단어는 승객을 배에 승선시키기 위한 탑승권과 같은 문서적 권위를 의미한다.

현대에 가장 널리 받아들여지는 신경(symbolum)에 대한 해석은 루피누스에게로 거슬러간다. 그는 사도신경 주석에서 열두 사도가

---

11 Tertullianus, *Adv. Marc.* 5, 1(CCL 1, 664)

사도신경을 작성했다는 이야기를 하며 신경(symbolum)에 해당하는 그리스어 'συμβολον'은 표시(indicium) 혹은 표징(signum)을 의미한다고 말한다. 사도들은 그리스도의 사도라 자칭하는 유대인들이 있다는 것을 알고 나서는, 그들과 구별할 수 있도록 설교자들이 진정한 사도적 가르침으로 무장하고 있음을 인정받을 수 있는 어떤 '표시'가 중요함을 깨닫고 사도신경을 작성했다는 것이다. 바로 위에 인용한 테르툴리아누스의 구절은 이러한 루피누스의 생각을 앞서서 보여주는 것으로 해석된다.[12]

4. 한국 개신교 사도신경의 "음부에 내려가셨으며" 구절 삭제에 관하여

1) 음부란 무엇인가?

사도신경 공인본에는 "그가 음부에 내려가셨다"(descendit ad inferna)라는 구절이 있다. '음부'로 번역된 라틴어 'inferna'는 히브리어 '스올'과 헬라어 '하데스'를 옮긴 것이다. '스올'과 '하데스'는 죽은 자들의 세계를 지칭한다. 신약에서 하데스는 악인들이 형벌을 받는 곳인 게헨나(Γεεννα)와는 구별된다. 라틴어 Inferna는 infernus의 중성 복수형이다. Infernus의 어원에 의하면 inferna는

---

12 J. N. D. Kelly, *Early Christian Creeds*, London, New York, 2006(3rd edition), 53-54.

'아래에 있는 장소', '지하'를 지칭한다. 이 단어에 대응되는 그리스어 단어 'ἅδης'는 결핍을 의미하는 α와 '보다'를 의미하는 ιδειν이 결합된 것으로, '볼 수 없는 장소', '어두운 곳'을 의미한다.[13]

2) 사도신경에 "음부에 내려가셨으며" 구절을 도입한 역사

"그리스도께서 음부에 내려가셨다"는 구절은 6-7세기 공인본이 형성된 시기에 비로소 처음 도입된 것이 결코 아니다. 우선 이 구절은 성서에 근거를 두고 있다. 구체적으로 마태복음 27장 52-53절, 누가복음 23장 43절, 베드로전서 3장 18-20절 등이 흔히 인용된다. 그리스도의 음부강하는 4세기에 시르미움(Sirmium)에서 나온 사도신경(359년) 본문에 언급되었고, 루피누스가 주석했던 아퀼레이아에서 나온 사도신경 본문에도 나타난다. 또한 초기 동방 교회에서 나온 자료에도 증거가 많이 있다. 한 가지 예를 들면, 시리아에서 나온 『디다스칼리아』(Didascalia)의 영광송에 이 구절이 포함되어 있다. 비록 니케아-콘스탄티노플 신경에는 나타나지 않지만, 서방은 동방의 영향 아래 그 구절을 수용했을 가능성이 높다. 왜냐하면 그리스도께서 십자가에서 숨지시고 부활하시기 전까지 지하세계에 계셨다는 믿음은 초기 그리스도교의 가르침에서 매우 흔하게 볼 수 있는 것이었고, 이그나티우스, 폴리캅, 이레나이우스와 같은

---

[13] *Dictionnaire de théologie catholique*, t. V, Paris, 1924, 28-29. 히브리어 Sheol의 의미는 여러 설이 있다.

동방 교부들도 음부에 대해 명시적으로 언급하고 있기 때문이다.[14]

3) 이 구절의 신학적 의미

그리스도께서 음부에 내려가셨다는 신앙조항의 의미를 해석하는 것이 어렵다는 것은 널리 알려져 있다. 그렇다고 단순히 무시하거나 삭제하는 것은 올바른 신앙의 태도가 아니다. 종교개혁자 칼뱅은 『기독교 강요』 프랑스어 최종판에서 사도신경의 이 구절을 해석하면서 바로 그 점을 경계한다.

> 이 부분에서 [그리스도께서] 음부에 내려가심을 잊어서는 안 된다. 그것은 우리의 구원에 있어 많은 효과를 지니기 때문이다. 옛 사람들의 글을 통해서 보면 이 신앙조항은 결코 모든 교회에서 공동으로 사용되었던 것으로 보이지는 않는다. 하지만 이 신앙조항은 크게 유용한 신비를 포함하고 또한 결코 무시해서는 안 된다는 것을 볼 때, 여기서 우리가 다루고 있는 가르침을 잘 설명하기 위해 이 조항에 그 본연의 지위를 부여하는 것이 필요하다.[15]

칼뱅은 이 구절이 언제 사도신경에 삽입되었는지를 아는 것은 큰

---

14 Ignatius, *Magn*. 9(Bihlmeyer, 91); Polycarp, *Ad Philipp*. 1(Bihlmeyer, 114); Irenaeus, *Adv. haer*. 4, 27, 2; 5, 31, 1. Kelly, 378-379.
15 J. Calvin, *L'institution de la religion chrétienne*, II, 16, 8-9, Genève: Labor et Fides, 1955, 266.

영향을 미치지 않는다고 말하고, 이 구절을 생략하면 "예수 그리스도의 죽음과 수난의 많은 열매를 제거하게 된다"고 명시한다. 또한 그는 그리스도께서 장사되셨다는 것과 음부에 내려가셨다는 것을 같은 의미로 해석하는 사람들의 주장을 거부한다. 그는 베드로전서 3장 19절 말씀에 나타난 베드로 사도의 의도는 예수 그리스도의 죽음의 덕을 확장하는 것이라고 말하면서 보다 구체적으로 다음과 같이 해석한다. "그리스도의 죽음의 덕이 죽은 이들에게까지 미친다는 점에 있어서 음부에 있는 신자들의 영혼은 그리스도의 방문을 눈으로 보고 기뻐한 반면 버림받은 자들은 모든 희망에서 배제되었음을 통고받았다."[16]

이와 같이 사도신경에 나타나는 "음부에 내려가셨으며" 구절에 대한 해석을 시도한 다음, 칼뱅은 성서에 나오는 그리스도의 음부강하 관련 구절에 대한 보다 확실한 해석을 추구한다. 그리스도의 음부강하는 그리스도께서 우리를 구속하기 위해 단죄 받고 멸망 받을 자들이 겪을 모든 고통을 인내하셨다는 것을 보여준다. 또한 그리스도의 음부강하는 그리스도께서 악마의 권세, 죽음에 대한 공포, 음부의 고통에 대항하여 싸우시고 이것들에 대해 승리하심으로써 우리가 더 이상 이런 것들을 두려워하지 않도록 해주셨다는 것을 보여준다.[17]

이 구절의 의미에 대한 현대 신학자들의 해석 가운데서는 판넨베르크의 해석이 주목을 끈다. 그는 그리스도 음부강하를 부활의

16 Ibid., 266-8.
17 Ibid., 269-70.

빛으로 해석하여 이 구절이 음부에 대한 승리를 표현한 것이라고 말한다. 나아가 그는 그리스도의 음부에 대한 승리는 십자가상에서의 예수의 구원사역의 보편적인 범위와 구원의 보편성을 보여주는 것이라고 해석한다. 예수님이 오시기 전에 살았던 사람들과, 복음을 한 번도 듣지 못한 이들은 어떻게 되는가? 이들은 모두 멸망 받는가? 이 질문에 대해 판넨베르크는 다음과 같이 분명하게 대답한다. "그리스도교 신앙은 이 절박한 질문에 대해 '아니오'라고 말할 수 있다. 이것이 사도신경에 나오는 그리스도의 음부강하 구절의 의미이다."[18] 다시 말해 예수님의 구원사역은 복음을 전혀 듣지 못한 사람에게도 적용된다는 것이다. 그는 그리스도교가 예수 그리스도의 음부강하를 인정하는 것의 의미는 바로 이 구원의 보편적인 범위에 있다고 강조하고, 최근에 이 구절에 대한 이해 부족으로 이 구절을 거부하는 것은 유감스러운 일이라고 덧붙인다.[19]

개혁파 교회의 전통에 속하는 현대 신학자 가운데 로흐만[20]도 판넨베르크와 유사한 해석을 제시한다. 그는 그리스도의 음부행을 언급하는 성서 구절로 "죽은 자들에게도 복음이 전파되었다"(벧전 4:6)와 "사망과 음부의 열쇠를 가졌노니"(계 1:18)를 인용하면서, 이 성서 구절들이 함축하는 의미를 다음과 같이 해석한다. "그리스도

---

18 W. Pannenberg, *The Apostles's Creed in the Light of Today's Questions*, tr. by M. Kohl, London: SCM Press, 1972, 94.
19 W. Pannenberg, *The Apostles's Creed in the Light of Today's Questions*, tr. by M. Kohl, London: SCM Press, 1972, 94-95.
20 로흐만(J. M. Lochman, 1922-2004)은 체코 출신의 개혁주의 전통의 신학자이다. 그는 바젤 대학교에서 칼 바르트와 야스퍼스에게서 신학과 철학을 배우고 같은 대학에서 조직신학을 가르쳤다.

의 음부행은 그의 구원이 지역적으로나 시대적으로 제한을 받지 않으며, 그리스도가 태어나기 이전에 죽은 사람들에게도 효력이 있다는 것을 보여준다."[21]

마지막으로 본 역서의 저자 토마스 아퀴나스는 그리스도께서 음부에 내려가신 이유를 다음과 같이 네 가지로 제시한다. 첫째, 죄인들이 받아야 하는 모든 벌을 감당하시기 위해서. 둘째, 음부에 있는 자신의 사람들을 돕기 위해서. 셋째, 악마를 완전히 이기기 위해서. 넷째, 음부에 있는 성도들을 구출하기 위해서.

4) 한국 개신교 사도신경에서 이 구절이 삭제된 역사적 경위와 삭제 이유

장로교 선교사 언더우드가 1894년에 간행한 찬양가(Hymn of Praise)에 한국 개신교 역사상 최초로 사도신경이 실렸다. 여기서 언더우드는 영어 사도신경을 우리말로 번역하면서 "디옥에 ᄂ리샤"를 삭제하지 않고 그대로 삽입했다. 하지만 그로부터 3년 후인 1897년에 감리교 선교사들이 펴낸 찬미가(Chan Mi Ka)에 수록된 사도신경에서는 "디옥에 ᄂ리샤"가 빠져 있다. 이것은 미국 감리교회 사도신경에 이 부분이 빠져 있는 것에 기인한다. 그 후 1905년 4개국 장로교 선교사들이 펴낸 찬송가에 수록된 사도신경에는 "음부에 ᄂ리셨더니"가 다시 포함되었다. 하지만 1908년 장로교, 감리교, 성결교 세 교단이 합동으로 펴낸 찬송가에 수록된 사도신경에는 이

---

[21] J. M. Lochman, 『사도신경해설』, 오영석 옮김, 대한그리스도교출판사, 1984, 137.

부분이 또 다시 빠져 있다.[22] 이 구절이 삭제된 이유는 세 교단의 신학적 차이와 관련이 있으며, 장로교는 교회일치의 정신으로 자신의 입장을 양보한 것으로 보인다.

그렇다면 감리교에서 그리스도의 음부강하 조항을 삭제한 이유는 무엇일까? 감리교회의 창시자인 존 웨슬리(J. Wesley, 1703-1791)가 만든 25개 종교조항에는 이 구절이 빠져 있다. 웨슬리는 신자들이 이 구절을 잘 이해하지 못하고 혼돈에 빠질 우려가 있다고 생각하여 생략했던 것이다. 한국 감리교회 사도신경에서 이 구절이 삭제된 것은 이런 역사적 배경으로 거슬러 올라간다.[23]

5) 복원의 필요성

반세기 전으로 거슬러 올라가는 1963년에 이미, 김용준은 그리스도의 음부강하 조항이 복원되어야 할 필요성을 역설한 바 있다.[24] 그는 이 조항을 해석의 차이나 어려움 때문에 삭제하는 것은 부적절하다고 지적하면서 사도신경 본문 그대로 재번역해야 한다고 주장했다. 그는 자신의 주장을 뒷받침하기 위해 신학적 근거를 제시하기보다는, 루터교회의 소요리 문답에 음부조항이 포함되어 있다는 것과 장로교 가운데 특이하게 이 구절을 삭제했던 미국 남장로교회가 1950년부터 음부강하 조항을 복원한 것을 예시한다.

---

22 나채운, 『주기도 사도신조 축도』, 성지출판사, 2001, 275-276.
23 김철수, 『그리스도의 음부여행』, 한들출판사, 2004, 125-126.
24 김용준, "사도신경의 개역의 필요성", 『그리스도교 사상』 7/11(1963), 60-65.

김용준의 논문이 나온 지 약 40년이 지난 2002년 대한예수교장로회(통합) 제87회 총회에서 사도신경와 주기도문 재번역 위원회를 인선하고 재번역을 시도하였다. 하지만 음부강하 조항을 복원하지는 않았다. 재번역 위원회는 그 이유로 다음 세 가지를 제시했다. 첫째는 음부강하 조항이 공인본에는 있지만 고대 판본에서는 빠져 있다는 점, 둘째는 이 문구가 신학적 논쟁을 야기할 수 있다는 점, 셋째는 이 문구가 오해를 불러일으킬 수 있다는 점이 그것이다. 하지만 첫 번째 이유부터 설득력이 약하다. 앞에서 살펴본 것처럼 비록 음부강하 조항이 사도신경 본문에는 6세기에 나타나지만, 성서에도 그 전거가 있고, 고대 교부들의 글과 4세기에 시르미움에서 나온 사도신경 본문에도 이미 나타나기 때문이다. 둘째 이유와 셋째 이유도 설득력이 매우 약해 보인다. 신학적 논쟁과 오해를 야기시킬 수 있는 신앙조항을 생략해야 한다는 주장은 가장 많은 논쟁을 야기한 삼위일체 조항이야말로 첫 번째로 생략해야 할 신앙조항이라고 주장하는 것과 같은 불합리한 주장이다.

그렇다면 이 구절이 복원되어야 할 이유는 무엇일까? 우선 성서에 이 구절과 관련된 근거가 있다는 점, 둘째는 초대 교부들로부터 종교개혁자들에 이르기까지 그리스도의 음부강하를 언급한다는 점, 셋째는 감리교와 같은 예외를 제외하면 세계 교회가 이 구절을 신앙의 공통 유산으로 고백하고 있다는 점 등을 언급할 수 있다. 마지막으로 이 구절이 그리스도의 구원사역의 중요한 의미를 내포한다는 신학적 이유도 매우 중요하다. 칼뱅의 말을 굳이 다시 인용하지 않더라도, 이 구절은 예수 그리스도의 죽음과 수난의 많은 열매를 함축하고 있다. 보다 구체적으로 말하면, 음부강하는 그리스도의 음부에 대한 승리와 그의 구원사역의 보편적인 범위를 함축한다. 다시 말해서 그리스도의 음부강하는 그리스도의 구원이 지역적으로나 시대적으로 제한을 받지 않으며, 그리스도가 태어나기 이전에 죽은 사람들에게도 적용된다는 것을 보여준다. 이렇게 중요하고 희망적인 메시지를 담고 있는 신앙조항이 한국 개신교 사도신경에서 하루 속히 복원되기를 염원한다.

병행구절

서문 ST II-II, 3, 2; Sent. III, d. 24, a.3, ql.1; CG I, 5; III, 118, 152; De Verit. 14, 10; In Boet. de Trin. 3, 1.

1항 ST I, 2, 3; I, 13, 8; I, 45, 1-5; I, 65, 1; De Pot. 3, 6.

2항 ST I, 27, 2; CG IV, 10 & 11; CG II, 35-41; De Pot. 2, 1; Comp. Theol. 40, 43, 203, 206, 209-211; ST III, 2, 1-6; De Verit. 20, 1.

3항 ST III, 2, 1-6; 4, 1-3; 5, 1-4; Sent. III, d. 2, q.1, a. 3, ql. 1, 2; Sent. IV, d. 3, a. 3, ql. 2, ad 2; CG IV, 29-30, 32-33; Comp. Theol. 204-205, 207-208.

4항 ST III, 46, 3; Sent. III, d. 20, a. 4, ql. 2; Cont. Graec. c. 7; Ad Hebr., c. 2, l. 4; ST III, 46, 12; CG IV, 55; I Ad Cor. c. 2, l. 2; ST III, 47, 6; III Sent. d. 19, a. 1, ql. 2, ad 5; ST III, 49, 1; 69, 1, ad 2 & 3; Sent. III, d. 19, a. 1; Comp. Theol. 239; ST III, 48, 6, ad 3; 49, 3; Sent. III, d. 19, a. 3; ST III, 49, 4; Sent. III, d. 19, a. 5, ql.1; ST III, 39, 5, ad 3; 49, 5, Sent. III, d. 18, a. 6, ql. 2, 3; d. 22, q. 3, a. 1, ad 4; Sent. IV, d. 4, q. 2, a. 2, ql. 6.

5항 ST III, 52, 1 & 5-7; Sent. III, d. 22, q.2, a. 1, ql. 1, 2; a. 2, ql. 1, 3; Comp. Theol. 235; Ad Ephes. c. 4, l. 3; ST III, q. 53, a. 2, 4; Sent. III, d. 21, q. 2, a. 2; Sent. IV, d. 43, a. 3, ql.1, ad 1; Comp. Theol. 236; In Psalm. 15, 40; In

Ioann. c. 2, l. 3; Ad Rom. c. 4, l. 3; I Ad Cor. c. 15, l. 2.

6항 ST III, 57, 1 & 3; Sent. III, d. 22, q. 3, a. 1; Comp. Theol. 240; ST III, 58, 1-3; Sent. III, d. 22, q. 3, a. 3, ql. 2; Comp. Theol. 240 & 246; Ad Ephes. c. 1, l. 7; Ad Hebr. c. 8, l. 1.

7항 ST III, 59, 1 & 2; Sent. IV, d. 47, q. 1, a. 2, ql. 3; d. 48, q. 1, a 1, ad 4; CG IV, 96; Comp. Theol. 241; Quodl. X, q. 1, a. 2; In Matth. c. 25; In Ioann. c. 5, l. 4-5.

8항 ST I, 36, 1-4; ST I, 37, 1-2; ST I, 45, 6; Sent. I, d 10, a. 1, ad 4; d. 11, a. 1; d. 27, q. 2, a2, ql.2; d. 32, q. 1; CG IV, 19 & 24-25; Comp. Theol. 46-47 & 49; De Pot. q. 9, a. 9, ad 13.

9항 ST II-II, 81, 8; III, 8, 1; III, 83, 3, ad 2; II-II, 1, 9, s.c.; II-II, 39, 1 & 2, ad 2; III, 35, 7, ad 3; III, 49, 1; III 64, 1, ad 2; 64, 2, ad 3; 66, 10, s.c.; 72, 12, s.c.; 73, 3; CG IV, 76 & 83.

10항 ST III, 65, 1 & 2 & 4; Sent. IV, d. 2, q. 1, a. 2 & 3; CG IV, 58; De Eccl. Sacramentis; ST III, 3, 8, ad 3; 8, 69, 1, ad 2; 89, 1; 48, 1-2 & 6.

11항 ST I, 97, 3; III, 2, 6, ad 2; CG II, 44; IV, 79-81; Comp. Theol. 151 & 154; ST III, 56, 1; CG IV, 79; Comp. Theol. 239; CG IV, 80-81; De Anima, a. 19, ad 13; Comp. Theol. 153; Quodl. XI, 6.

12항 ST I, 75, 6; Sent. II, d. 19, a. 1; IV, d. 50, a. 1, q. 1; CG II, 79 sqq.; Quodl. X, q. 3, a. 2; De Anima, a. 14; Comp. Theol. c. 84; ST I, 12, 1; ST I-II, 2, 8, CG IV, 54; De Verit. q. 8, a. 1; Quodl. X, q. 8; Comp. Theol. I, 109; II, 9; CG III, 56 & 59, 61-63.

참고문헌

I. 사전 및 인터넷 & 웹 문서

Dictionnaire de théologie catholique, Paris, 1923-1972.

The Encyclopedia of Christianity, Fahlbusch, E. et al.(ed.), tr. and Bromiley, G. W.(English language editor), Cambridge, Leiden, Boston: William B. Eerdmans Publishing Company, Brill, 2003.

The Oxford Dictionary of the Christian Church, Cross, F. L. and Livingstone, E. A.(ed.), Oxford University Press, 3rd edition revised, 2005.

Thomas Lexikon (http://www.corpusthomisticum.org/tlc.html#conceptio)

Corpus thomisticum (http://www.corpusthomisticum.org/)

II. 토마스 아퀴나스 저작

『신학대전: 자연과 은총에 관한 주요 문제들』, 손은실, 박형국 옮김, 서울: 두란노아카데미, 2011.

『신학요강』, 박승찬 옮김, 나남, 2008.

Contra errores Graecorum

Contre les Gentils I, tr. par C. Michon, Paris: GF Flammarion, 1999.

De decem praeceptis.

Responsio ad lectorem Bisuntinum, Leon. t. 42.

The Sermon-Conferences of St. Thomas Aquinas on the Apostles' Creed, tr.
by N. Ayo, C.S.C., Notre Dame, Indiana: University of Notre Dame Press, 7.
Super Boetium De Trinitate.

III. 고중세 문헌

아리스토텔레스, 『니코마코스 윤리학』, 이창우, 김재홍, 강상진 옮김, 이제이북스, 2001.

아우구스티누스, 『고백록』, 선한용 옮김, 대한기독교서회, 1990.

_____, 『신국론』, 성염 역주, 분도출판사, 2010.

_____, De Trinitate, tr. par Agaesse, P., BA 16, Paris: DDB, 1955.

_____, Speculum de Scriptura sacra, PL 34.

Dionysius the Areopagite, De divinis nominibus, The Works of Dionysius the Areopagite, tr. by J. Parker, Merrick, N.Y.: Richwood Pub. Co., 1976.

Moses Maimonides, The Guide of the Perplexed, tr. with an Introduction and Notes by S. Pines, with an Introductory Essay by Leo Strauss, The University of Chicago Press, 1963.

Tertullien, La Pénitence, SC 316, Paris: Cerf, 1984.

IV. 종교개혁기-현대 문헌

김용준, "사도신경의 개역의 필요성", 『그리스도교 사상』 7/11(1963).

김철수, 『그리스도의 음부여행』, 한들출판사, 2004.

나채운, 『주기도 사도신조 축도』, 성지출판사, 2001.

손희송, 『일곱 성사, 하느님 은총의 표지』, 가톨릭대학교 출판부, 2011.

이형기(편저), 『세계개혁교회의 신앙고백서』, 대한예수장로회총회출판국, 1991.

Arendt, H., La vie de l'esprit, tr. de l'anglais par L. Lotringer, Paris: PUF, 2005.

Bataillon, L.-J., "L'emploi du langage philosophique dans les sermons du treizième siècle", Sprache und Erkenntnis im Mittelalter, Miscellanea Mediaevalia 13, 2, Berlin, New York, 1981, 983-991.

Berceville, G., "L'autorité des Pères selon Thomas d'Aquin", *Revue des sciences philosophiques et théologiques* 91(2007/1), 129-144.

Calvin, J., *L'institution de la religion chrétienne*, II, 16, 8-9 Genève: Labor et Fides, 1955.

Chenu, M.-D., *Introduction à l'étude de saint Thomas d'Aquin*, Montreal, Paris: 1993.

Denzinger, H., *Symboles et Définitions de la foi catholique*, 10, Paris: Cerf, 1997.

Dod, B. G., "Aristoteles latinus", in: N. Kretzmann, A. Kenny, J. Pinborg(ed.), *The Cambridge History of Later Medieval Philosophy*, Cambridge University Press, 2000, 45-79.

Fenn, R., *The Persistence of Purgatory*, Cambridge University Press, 1995.

Gauthier, A., *Somme contre les Gentils*. Introduction, Campin: Éditions universitaires, 1993.

Kelly, J. N. D., *Early Christian Creeds*, London, New York, 2006(3rd edition).

Le Goff, J. *La naissance du Purgatoire*, Paris: Gallimard, 1991 (국역: 자크 르 고프, 『연옥의 탄생』, 최애리 옮김, 문학과 지성사, 2003)

Lochman, J. M., *Das Glaubensbekenntnis: Grundriss der Dogmatik im Anschluss an das Credo*, Gütersloh: Gütersloher Verlagshaus Gerd Mohn, 1985(국역: 로흐만, 『사도신경해설』, 오영석 옮김, 대한그리스도교출판사, 1984)

Luther, M., *De captivitate Babylonica Ecclesiae*, WA V, (국역:『교회의 바벨론 포로』, in: 존 딜렌버거 편집, 『루터 저작선』, 이형기 옮김, 크리스챤 다이제스트, 1994, 314-432)

Maritain, J. et R., *Les grandes amitiés*, Paris: Desclée de Brouwer, 1949.

Ombres, R., "The Doctrine of Purgatory according to St. Thomas Aquinas", *Downside Review*, 99(1981)

_____, "Latins and Greeks in Debate over Purgatory, 1230-1439", *Journal of Ecclesiastical History* 35(1984).

Pannenberg, W., *The Apostles's Creed in the Light of Today's Questions*, tr. by M. Kohl, London: SCM Press, 1972.

Ratzinger, J., *Einführung in das Christentum: Vorlesungen über das apostolische Glaubensbekenntnis*, München: Kosel Verlag, c1968 (국역: 『그리스도 신앙 어제와 오늘』, 분도출판사, 2009)

Torrell, J.-P., *Initiation à saint Thomas d'Aquin*, Éditions universitaires Fribourg; Paris: Cerf, 1993. (영역: *Saint Thomas Aquinas*, vol. 1. *The Person and his Work*, tr. by R. Royal, The Catholic University of America Press, 2005)

_____, *Saint Thomas d'Aquin, maître spirituel*, Initiation 2, Fribourg (Suisse): éditions universitaires, Paris: Cerf, 1996.

_____, "La pratique pastorale d'un théologien du XIIIe siècle: Thomas d'Aquin Prédicateur", *Revue Thomiste* 82(1982), 226.

Weisheipl, J. A. *Friar Thomas d'Aquino: His Life, Thought, and Works*, Washington: The Catholic University of America Press, 1983. (국역: 『토마스 아퀴나스 수사』, 이재룡 옮김, 성바오로, 1998)

World Council of Churches, *Apostolic Faith Today*, Faith and Order Paper n. 124, Geneva, 1985.

그리스도교문헌총서 002
토마스 아퀴나스 사도신경 강해설교

Copyright ⓒ 장로회신학대학교 기독교사상과문화연구원 2015

1쇄 발행 2015년 3월 16일
5쇄 발행 2025년 6월 13일

지은이	토마스 아퀴나스
옮긴이	손은실
펴낸이	김요한
펴낸곳	새물결플러스

편 집	왕희광 정인철 노재현 이형일 나유영 노동래
디자인	황진주 김은경
마케팅	박성민
총 무	김명화 이성순
영 상	최정호
아카데미	차상희

홈페이지	www.holywaveplus.com
이메일	hwpbooks@hwpbooks.com
출판등록	2008년 8월 21일 제2008-24호
주 소	(우) 04114 서울시 마포구 신촌로28가길 29
전 화	02) 2652-3161
팩 스	02) 2652-3191

ISBN 979-11-86409-02-2 04230
　　　 979-11-86409-01-5 04230(세트)

책값은 뒤표지에 있습니다.